Hélène Andriot

Les clauses statutaires d'exclusion

Hélène Andriot

Les clauses statutaires d'exclusion

Éditions universitaires européennes

Impressum / Mentions légales
Bibliografische Information der Deutschen Nationalbibliothek: Die Deutsche Nationalbibliothek verzeichnet diese Publikation in der Deutschen Nationalbibliografie; detaillierte bibliografische Daten sind im Internet über http://dnb.d-nb.de abrufbar.
Alle in diesem Buch genannten Marken und Produktnamen unterliegen warenzeichen-, marken- oder patentrechtlichem Schutz bzw. sind Warenzeichen oder eingetragene Warenzeichen der jeweiligen Inhaber. Die Wiedergabe von Marken, Produktnamen, Gebrauchsnamen, Handelsnamen, Warenbezeichnungen u.s.w. in diesem Werk berechtigt auch ohne besondere Kennzeichnung nicht zu der Annahme, dass solche Namen im Sinne der Warenzeichen- und Markenschutzgesetzgebung als frei zu betrachten wären und daher von jedermann benutzt werden dürften.

Information bibliographique publiée par la Deutsche Nationalbibliothek: La Deutsche Nationalbibliothek inscrit cette publication à la Deutsche Nationalbibliografie; des données bibliographiques détaillées sont disponibles sur internet à l'adresse http://dnb.d-nb.de.
Toutes marques et noms de produits mentionnés dans ce livre demeurent sous la protection des marques, des marques déposées et des brevets, et sont des marques ou des marques déposées de leurs détenteurs respectifs. L'utilisation des marques, noms de produits, noms communs, noms commerciaux, descriptions de produits, etc, même sans qu'ils soient mentionnés de façon particulière dans ce livre ne signifie en aucune façon que ces noms peuvent être utilisés sans restriction à l'égard de la législation pour la protection des marques et des marques déposées et pourraient donc être utilisés par quiconque.

Coverbild / Photo de couverture: www.ingimage.com

Verlag / Editeur:
Éditions universitaires européennes
ist ein Imprint der / est une marque déposée de
OmniScriptum GmbH & Co. KG
Heinrich-Böcking-Str. 6-8, 66121 Saarbrücken, Deutschland / Allemagne
Email: info@editions-ue.com

Herstellung: siehe letzte Seite /
Impression: voir la dernière page
ISBN: 978-3-8416-6746-5

Copyright / Droit d'auteur © 2015 OmniScriptum GmbH & Co. KG
Alle Rechte vorbehalten. / Tous droits réservés. Saarbrücken 2015

TABLE DES MATIERES

INTRODUCTION

« Ecarter l'ass`cié qui est à l'`rigine d'une cause de dispariti`n de la s`ciété p`ur assurer la survie de celle-ci s'apparente au pr`cédé chirurgical de l'amputati`n ; la survie d'un ensemble sain ne peut être `btenue que par la mesure radicale et nécessaire qu'est la dispariti`n du membre malade. » [1] On dira dans ce cas que l'associé est exclu de la société et c'est ce que je vous propose d'étudier.

Le droit d'exclure un associé n'est pas reconnu en tant que tel comme un principe général du droit des sociétés. Bien au contraire, c'est le droit de rester dans la société qui est affirmé à titre de droit fondamental de l'associé.

Ce droit fondamental de faire partie de la société est renforcé par le droit de propriété prévu à l'article 545 du Code civil et a été confirmé de manière on ne peut plus clair par un arrêt en date du 12 mars 1996 rendu par la Chambre commerciale de la Cour de cassation qui condamne l'exclusion d'un associé comme solution de substitution à une demande de dissolution de la société : *« aucune disp`siti`n légale ne d`nnant p`uv`ir à la juridicti`n saisie d'`bliger l'ass`cié qui demande la diss`luti`n de la s`ciété par applicati`n de l'article 1844-7-5 du C`de civil à céder ses parts à cette dernière et aux autres ass`ciés qui `ffrent de les racheter. »* [2]

Mais ce droit considéré comme fondamental n'est pas pour autant absolu. Il existe en effet des hypothèses dans lesquelles la loi prévoit expressément l'exclusion d'un associé comme par exemple pour les sociétés à capital variable aux articles L. 231-6 et suivant du Code de commerce. Dans d'autres cas, les associés ont la possibilité d'insérer dans les statuts une clause prévoyant l'exclusion de l'un d'entre eux si certains événements prédéfinis à l'avance venaient à se réaliser et ce, dans l'unique but d'assurer la pérennité de la société.

Se sont sur ces clauses statutaires d'exclusion que nous allons nous pencher aujourd'hui.

---

[1] *J-P Storck. La continuation de la société par l'exclusion d'un associé. Revue des sociétés. 1982. page 233.*
[2] *Cass. Com. 12 mars 1996. Bulletin Joly Sociétés. 1996. page 584. §207.*

Le terme clause, qui vient du latin « claudere » (fermer), est une disposition particulière contenue dans un acte juridique tels un contrat, un jugement, un règlement administratif où sont définis les droits et obligations des personnes concernées par cet acte.

Le terme statutaire vise ce qui est prescrit, prévu par les statuts qui peuvent être définis « *c`mme un acte c`nstitutif d'une s`ciété `u d'une ass`ciati`n rédigé par écrit c`mp`rtant un certain n`mbre de menti`ns `bligat`ires qui p`sent les `bjectifs ainsi que les règles de f`ncti`nnement de la s`ciété `u de l'ass`ciati`n.* »[3]

L'exclusion est l'action d'exclure quelqu'un, le mettre dehors, le renvoyer.

De cette série de définitions, ressort une définition complète de la clause statutaire d'exclusion : ainsi, il s'agit de toute stipulation expresse par laquelle les associés consentent par le jeu de leur propre volonté à être exclu de la société lorsque certains événements prédéfinis à l'avance viennent à se réaliser, ce qui fait naitre, au bénéfice de l'associé exclu, une créance correspondant à la valeur actuelle de ses droits sociaux.

La clause statutaire d'exclusion se distingue de la clause légale, de la clause judiciaire ou encore de la clause de préemption.

La clause légale est une clause expressément prévue par la loi alors que la clause judiciaire est une clause émanant de la justice ; elles ne sont donc, ni l'une ni l'autre, prévues par les statuts à l'initiative des parties.

La clause de préemption est une clause en vertu de laquelle un associé s'engage, avant tout projet de cession, à notifier aux autres associés son intention de céder en indiquant le nombre de parts dont la cession est envisagée, le prix et les modalités de paiement voire même le nom du cessionnaire.[4] Cette clause permet donc aux associés d'acquérir par préférence aux tiers les droits d'un associé de la même société voulant céder ses parts.

Enfin, la clause statutaire d'exclusion se différencie d'une autre notion voisine : la clause de retrait qui permet de prévoir un droit de retrait pour un associé en cas d'événements contractuellement stipulés à l'avance. L'associé prend alors l'initiative de demander le remboursement de ses parts soit par la société, soit par ses coassociés.

Certains auteurs ont invoqué le fait que la clause statutaire d'exclusion n'était, en fait, qu'une expropriation d'utilité privée qui peut se définir comme une opération tendant à priver, contre

---

[3] *Lexique des termes juridiques. Raymong Guillien et Jean Vincent. Dalloz. 2010. 17ème édition.*
[4] *Cass. Com. 15 février 1994. Bulletin Joly. 1994. 508.*

son gré, de sa propriété un propriétaire. Mais le problème de l'expropriation ne se pose pas ici puisque les associés ont consenti ab initio à la clause statutaire d'exclusion et ont, par la suite, droit au remboursement de leurs titres sociaux.

Il demeure une interrogation sur le point de savoir si la clause doit obligatoirement être insérée dans les statuts de la société ou si au contraire, elle peut faire l'objet d'une convention extrastatutaire.

Cette question a fait l'objet d'un débat jurisprudentiel et doctrinal important ; J-P Storck soutenait que « *s'agissant d'une clause d'exclusi`n d'un ass`cié stipulée dans un cas `ù aucun texte ne l'envisage, il a été jugé que seuls les statuts de la s`ciété p`uvaient prév`ir cette mesure, à l'exclusi`n des c`venti`ns extrastatutaires.* »[5]

Et selon une position restrictive, la clause d'exclusion relèverait du domaine réservé des statuts. Ainsi la Chambre commerciale de la Cour de cassation dans un arrêt du 8 février 1982 a annulé une convention extrastatutaire qui prévoyait l'exclusion d'un associé en jugeant « *qu'il semble acquis auj`urd'hui qu'une c`nventi`n extrastatutaire d'exclusi`n ne peut jamais ambiti`nner de se substituer aux statuts p`ur retirer à l'un des signataires sa qualité d'ass`cié.* »[6] Il semblerait donc que la clause extrastatutaire d'exclusion serait soit inopposable à la société, soit frappée de nullité.

On peut également se demander ce qu'il se passerait si un associé se retrouvait exclu d'une société en l'absence de toute stipulation statutaire prévoyant ce mécanisme d'exclusion. La jurisprudence validerait-elle l'exclusion ou la refuserait-elle alors même que celle-ci se trouve fondée sur le fond ? Il n'y a pas encore, à l'heure actuelle, eut de litiges portés devant les tribunaux à ce sujet.

Mais, même si cela était le cas, la solution rendue par les tribunaux serait certainement le refus d'accepter l'exclusion sans fondement statutaire. En effet, les clauses statutaires d'exclusion ont fait l'objet de nombreuses controverses quant à leur existence et leur validité, certains auteurs estimant que ces clauses portaient atteinte au droit de tout associé de demeurer dans la société. Ainsi Rodière a t-il écrit : « *l'exclusi`n d'un ass`cié est une m`nstru`sité juridique et qui se d`uble d'une évidente mesure de partialité. M`nstru`sité parce que le dr`it de faire partie de la s`ciété est le dr`it f`ndamental de t`ut membre de la*

---

[5] J-P Storck. La validité des conventions extrastatutaires. Dalloz. 1989. 267. n°14.
[6] Cass. Com. 8 février 1982. Bulletin Joly. 1982. 970.

s'ciété. Partialité parce que les acti'ns de l'exclu d'ivent aller à un autre. Et quel autre ? C'mment le ch'ix peut-il en être fait sans abus 'u sans p'ssibilité d'abus ?»[7]

C'est pourquoi la jurisprudence a posé plusieurs conditions strictes de fond et de forme auxquelles on ne peut déroger dans le but de protéger l'associé exclu et ne pas porter atteinte à ses droits les plus fondamentaux. C'est ce qui explique que la jurisprudence ne pourra admettre la validité d'une exclusion en dehors de toute stipulation statutaire : par l'arrêt en date du 12 mars 1996, la Chambre commerciale montre qu'elle n'est guère disposée à laisser exclure des associés sans texte ni clause statutaire [8] mais le débat à ce sujet n'a jamais cessé depuis 1996.

La clause statutaire d'exclusion méconnait le droit de tout associé de rester dans la société, le principe d'égalité entre associés et l'article 545 du Code civil relatif au droit de propriété qui énonce que : *nul ne peut être c'ntraint de céder sa pr'priété, si ce n'est p'ur une cause publique et m'yennant une juste et préalable indemnité ».*

Pourtant, un courant doctrinal et jurisprudentiel s'est montré favorable à la reconnaissance de la validité des clauses d'exclusion incluses dans les statuts d'origine d'abord implicitement puis explicitement, en plus des exceptions légales d'exclusions. Il existe en effet différentes exceptions légales concernant divers types de société :

Ainsi l'article L 231-6 du Code de commerce admet expressément que l'on puisse exclure un associé d'une société à capital variable : « *Chaque ass'cié peut se retirer de la s'ciété l'rsqu'il le juge c'nvenable à m'ins de c'nventi'ns c'ntraires et sauf applicati'n du premier alinéa de l'article L. 231-5.*

Il peut être stipulé que l'assemblée générale a le dr'it de décider, à la maj'rité fixée p'ur la m'dificati'n des statuts, que l'un 'u plusieurs des ass'ciés cessent de faire partie de la s'ciété.

L'ass'cié qui cesse de faire partie de la s'ciété, s'it par l'effet de sa v'l'nté, s'it par suite de décisi'n de l'assemblée générale, reste tenu, pendant cinq ans, envers les ass'ciés et envers les tiers, de t'utes les 'bligati'ns existant au m'ment de sa retraite. »

D'autres articles prévoient la possibilité d'insérer dans les statuts des clauses d'exclusion ;

---

[7] *René Rodière. Note sous CA Rouen. 8 février 1974. Revue des sociétés. 1974. page 507.*
[8] *Cass. Com. 12 mars 1996. JCP E. 1996. II. 831.*

Tel est le cas par exemple pour les SAS à l'article L. 227-16 du Code de commerce : « *Dans les c`nditi`ns qu'ils déterminent, les statuts peuvent prév`ir qu'un ass`cié peut être tenu de céder ses acti`ns.*

Ils peuvent également prév`ir la suspensi`n des dr`its n`n pécuniaires de cet ass`cié tant que celui-ci n'a pas pr`cédé à cette cessi`n. » ;

Pour les SEL à l'article 21 alinéa 2 de la Loi du 31 décembre 1990 ou encore pour les sociétés européennes à l'article L. 229-16 du Code de commerce.

La jurisprudence a admis au fur et à mesure, pour les sociétés qui n'ont pas l'objet de dispositions légales, la possibilité d'insérer des clauses statutaires d'exclusion :

D'abord implicitement par un arrêt de la Cour d'appel de Paris en date du 18 novembre 1893 où la clause en cause prévoyait l'exclusion d'un actionnaire au cas où celui-ci cesserait d'être commerçant ou s'il ne délivrait pas à ses clients un nombre suffisant de timbres primes.[9] Les magistrats énoncèrent en cette espèce : « *qu'il est l`isible aux ass`ciés de régler cette faculté d'exclusi`n dans le pacte s`cial.* »

Et par un arrêt du 8 février 1974 rendu par la Cour d'appel de Rouen sous l'empire de la loi de 1966 dans lequel il a été décidé que l'exclusion de la société actionnaire pouvait être prononcée à la suite de la prise de contrôle de celle-ci par une société non susceptible d'être agrée comme cessionnaire. [10]

Puis explicitement, pour les SA dans un arrêt du 13 décembre 1994 de la Chambre commerciale de la Cour da cassation qui énonce, par un raisonnement a contrario, que : «*ayant relevé que les statuts de la s`ciété du J`urnal ne prév`yaient pas la p`ssibilité d'exclure un acti`nnaire, la c`ur d'appel a estimé à b`n dr`it que la s`ciété du J`urnal n'était pas f`ndée à `rd`nner la cessi`n de ses acti`ns détenues par les s`ciétés ETARCI et SCPPML.* »[11] ;

Pour les SARL dans un arrêt du 26 septembre 1989 de la Cour d'appel d'Orléans selon lequel une assemblée générale extraordinaire peut valablement décider conformément aux statuts, l'exclusion d'un associé qui s'est rendu coupable de fautes graves en ne respectant pas les diverses dispositions statutaires.[12]

Pour les SNC dans un arrêt du 8 mars 2005 de la Chambre commerciale qui a reconnu

---

[9] *CA Paris. 18 novembre 1893. Dalloz. 1894. I. 10.*
[10] *CA Rouen. 8 février 1974. Revue des sociétés. 1974. page 507.*
[11] *Cass. Com. 13 décembre 1994. n°93-11.569. Brujon et autres c/ Etarci et autres. JCP E. 1995. II. 705.*
[12] *CA Orléans. Ch. Civ. 2ème section. 26 septembre 1989. n°1033/86. SA Transport Eclair et autre c/ SARL Rapid Ouest.*

expressément la validité d'une clause d'exclusion dans les statuts d'une SNC mais qui semble intéresser le droit commun de toutes les sociétés[13] ou encore pour les GIE dans un arrêt du 7 juillet 1992 de la Chambre commerciale de la Cour de cassation.[14]

Les clauses statutaires d'exclusion, pour être considérées comme valables, doivent remplir certaines conditions de fond et de forme qui ont été posées par la jurisprudence au fur et à mesure des décisions mais pour autant un droit commun à toutes les sociétés peut être dégagé de ces différents arrêts.

Tout d'abord, l'exclusion ne doit être admise que pour des motifs suffisamment précis et conformes à l'intérêt de la société et à l'ordre public[15] et ne doit pas être abusive .[16] On veut en effet pouvoir éviter les éventuels risques d'abus des clauses d'exclusion en imposant comme condition stricte que les motifs doivent, en toutes circonstances, être précis et de nature à sauvegarder l'intérêt social.

Lorsque la clause est insérée dans les statuts d'origine, il faut qu'elle soit acceptée par chaque associé. On a pu alors se demander si la clause statutaire pouvait être insérée en cours de vie sociale, et si oui, à quelle majorité. Il a été jugé par la Cour d'appel de Paris que lorsque la clause d'exclusion est insérée en cours de vie sociale, l'unanimité des associés est requise.[17]

La clause doit désigner l'organe social compétent pour prononcer l'exclusion : se peut être soit les dirigeants, soit la collectivité des associés et si l'exclusion est prononcée par une décision collective des associés, l'associé menacé par la mesure d'exclusion ne peut être privé de participer à la décision sur son exclusion et de prendre part au vote.[18]

Il a également le droit d'être entendu préalablement à son exclusion[19] , la clause d'exclusion ne pouvant être valablement mise en œuvre que pour autant que l'associé menacé d'exclusion ait pu faire valoir ses moyens de défense.

Enfin, la clause doit lui assurer une indemnisation équitable de ses droits sociaux et si

---

[13] *Cass. Com. 8 mars 2005. Note J-J Caussain, Fl. Dedoissy et G. Wicker. JCP 2005. I. 156.*

[14] Cass. Com. 7 juillet 1992. JCP G. 1993. I. page 88. 3652.

[15] *Voir note n° 11.*

[16] *Cass. Com. 21 octobre 1997. Revue des sociétés. 1998. page 99.*

[17] *CA Paris. 27 mars 2001. RJDA. 2001. n° 973.*

[18] *Cass. Com. 23 octobre 2007. JCP N. 2008. 1324.*

[19] *Cass. Com. 12 février 1973. Bulletin civil. IV. n°69.*

tel n'est pas le cas, la nullité de la clause d'exclusion pourra être prononcée.[20] En effet, l'indemnisation constitue une ultime mais indispensable condition de validité des clauses d'exclusion.

Quant au rachat de ses droits sociaux, si il y a contestation sur la valeur de ses droits, un expert doit être saisi conformément aux dispositions de l'article 1843-4 du Code civil.

Face à ces nombreuses conditions exigées par la jurisprudence, la question se pose de savoir comment se déroule la mise en œuvre d'une clause statutaire d'exclusion et quelles en sont les conséquences.

Cette question est d'autant plus importante que certaines conditions ne font plus à l'heure actuelle l'objet de discussions, alors que d'autres font encore l'objet de débats.

C'est par exemple le cas pour les motifs justifiant l'exclusion, pour le consentement de l'associé menacé d'exclusion que l'on exige lors de l'insertion de la clause en cours de vie sociale et lors du vote de son exclusion.

C'est le cas également pour certaines conditions de forme tel que le respect du principe du contradictoire ou le droit à l'assistance d'un avocat pour l'associé visé par la mesure d'exclusion.

Mais, se sont surtout les conséquences de l'exclusion qui soulèvent le plus de débats :
Tout d'abord, le recours à l'expert de l'article 1843-4 du Code civil à qui la jurisprudence laisse de plus en plus de liberté dans sa mission de détermination de la valeur des droits sociaux de l'associé exclu allant jusqu'à nier la liberté contractuelle et la force obligatoire des conventions.
Ensuite, la question de la date de perte de la qualité d'associé : en effet, quand peut-on affirmer que l'exclusion est effective ? De nombreuses solutions ont été proposées par la doctrine mais cette question reste toujours en suspend, la jurisprudence n'étant toujours pas intervenue sur le cas particulier de la perte de la qualité d'associé en vertu d'une clause statutaire d'exclusion.

Se sont sur ces différentes questions qui posent encore problème aujourd'hui dans les clauses statutaires d'exclusion que nous allons spécialement nous pencher.

---

[20] *CA Paris. 7 juin 1988. Revue des sociétés. 1988 .page 246. Note S. Dana-Damaret.*

Pour cela, nous allons procéder par ordre chronologique.

En effet, il convient d'abord de traiter des différentes conditions de fond et de forme exigées à peine de nullité de la clause statutaire d'exclusion pour ensuite voir quelles sont les différentes conséquences qu'une telle clause engendre pour l'associé menacé d'exclusion.

C'est ainsi que, dans un premier temps, il convient d'abord de se pencher sur les conditions de mise en œuvre de la clause statutaire d'exclusion (**Titre I**) pour ensuite, dans un second temps, traiter des conséquences d'une telle exclusion. (**Titre II**)

TITRE I.

LES CONDITIONS DE MISE EN OEUVRE DE LA CLAUSE STATUTAIRE D'EXCLUSION

Pour qu'une clause statutaire d'exclusion soit valable, il faut qu'elle réponde aux conditions de fond (Chapitre I) mais aussi aux conditions de forme (Chapitre II) exigées par la jurisprudence.

CHAPITRE I

LES CONDITIONS DE FOND DE LA CLAUSE STATUTAIRE D'EXCLUSION.

Dans un premier temps, lors de la rédaction de la clause statutaire d'exclusion, doivent clairement être énoncés les motifs justifiant la possible exclusion d'un associé de la société. (Section I)

Dans un second temps, lors de la procédure d'exclusion, est exigé le consentement de l'associé menacé d'exclusion (**Section II**) et ce, sous peine de nullité de la clause statutaire d'exclusion.

SECTION I. L'EXISTENCE DE MOTIFS JUSTIFIANT L'EXCLUSION.

Les motifs justifiant l'exclusion d'un associé doivent être prédéfinis à l'avance dans la clause statutaire d'exclusion. (**§1**) Outre qu'ils soient requis à titre de validité de la clause, ils ont également servi dans le raisonnement de certains auteurs qui ont cherché à qualifier la clause d'exclusion. (**§2**)

§1. La validité des motifs prédéfinis.

Les clauses doivent prendre en compte, pour leur mise en œuvre, des critères précis conformes à l'intérêt social et à l'ordre public. (**A**) Mais on peut remarquer que la nature des motifs sera différente selon qu'il y ait ou pas l'existence d'une faute de l'associé visé par la procédure d'exclusion. (**B**)

A. Des motifs précis conformes à l'intérêt social et à l'ordre public.

Les motifs d'exclusion doivent, en toutes circonstances, être précis (**1**) et conformes à la fois à l'intérêt de la société et à l'ordre public. (**2**)

1. La précision des motifs

Dès l'admission des clauses statutaires d'exclusion, s'est posée la question de savoir si les motifs étaient laissés à l'arbitraire des associés ou si au contraire il fallait respecter certaines conditions.

Les fondateurs de la société doivent déterminer à l'avance les hypothèses qui pourront justifier le recours à la clause d'exclusion, autrement dit les causes de son utilisation. En effet, en dépit de la liberté contractuelle accordée aux associés, il est nécessaire que les motifs soient clairement définis c'est-à-dire que les clauses statutaires d'exclusion doivent nécessairement prendre en compte des faits graves objectifs et précis venant perturber la vie sociale et justifiant l'exclusion d'un associé. A contrario, demeure interdite, par conséquence, toute clause ad nutum.

Cette exigence de précision dans les motifs des clauses statutaires d'exclusion est notamment justifiée par la nécessité de protéger les associés minoritaires des majoritaires qui pourraient trouver, dans les clauses, un moyen d'exclure comme bon leur semble tout associé indésirable.

Le professeur Guyon écrivait déjà en 1990 que « *la difficulté n'est pas d'admettre le principe des exclusi`ns, dès l`rs que celles-ci s`nt prévues par les statuts ; le p`int délicat est de déterminer les causes d'exclusi`n, afin n`tamment d'éviter que celles-ci ne servent à écarter un ass`cié simplement gênant.* » [21]

C'est ce qui explique d'ailleurs que la jurisprudence ait toujours voulu refuser de valider une exclusion dont la clause contenait dans l'énumération de ses motifs des termes vagues tel que l'adverbe « notamment » qui pourrait engendrer des abus de la part des majoritaires. On peut cependant relever un arrêt ancien du 16 novembre 1943 qui fait figure ici d'exception : la Chambre des requêtes n'a pas contesté la validité d'une clause du pacte social qui disposait que serait imposé, à ceux des associés que le sort désignera, le rachat des titres par la société moyennant un prix forfaitaire fixé par les statuts d'origine.[22]

A titre d'exemple de motifs imprécis, on peut citer l'arrêt en date du 27 mars 2001 rendu par la Cour d'appel de Paris. [23] Certes, l'arrêt portait sur la question de savoir s'il fallait

---

[21] *Yves Guyon. Revue des sociétés. 1990. Sommaire. 477*
[22] *Req. 16 novembre 1943. Sirey 1944. I. 15.*
[23] *CA Paris. 27 mars 2001. RJDA. 2001. n° 973.*

l'unanimité ou pas des associés lors de l'insertion d'une clause statutaire d'exclusion en cours de vie sociale; mais si la Cour s'était penchée sur la validité de la clause, elle ne l'aurait peut-être pas validé. C'est ce que souligne le Professeur de Facultés de Droit François-Xavier Lucas : « *Pour finir, notons que, même acceptée à l'unanimité, cette clause serait restée d'une validité douteuse. Une clause d'exclusion peut être regardée comme valable mais à la condition de ne pas laisser la porte ouverte à l'arbitraire des majoritaires. Pour cela, il est important que l'exclusion soit justifiée par un fait objectif (..). Justifiée par l'intérêt social la stipulation se trouve alors à l'abri de la contestation. Tel n'était pas le cas de la clause ici envisagée qui permettait d'exclure un actionnaire «en cas de faits graves», expression dénuée de sens et susceptible d'être interprétée de telle manière que les minoritaires se seraient exposés à tout moment à une exclusion.*» [24]

Les motifs de l'exclusion doivent donc être prédéfinis à l'avance et être suffisamment précis pour que la clause d'exclusion soit admise par les juges. Mais outre cette première condition, il faut aussi que les motifs soient en conformité avec l'intérêt de la société et l'ordre public.

2. La conformité à l'intérêt social et à l'ordre public

En plus d'être précis, les motifs doivent être conformes à l'intérêt de la société et à l'ordre public. C'est ce qui ressort de l'arrêt du 8 mars 2005 rendu par la Chambre commerciale de la Cour de cassation qui dispose que : « *il est licite et possible de prévoir dans les statuts, qui constituent le contrat accepté par les parties et fixant leurs droits et obligations, que le redressement judiciaire d'un associé lui fera perdre cette qualité dès lors que lui est due la valeur des droits dont il est ainsi privé, pour un motif qui est en l'occurrence conforme à l'intérêt de la société et à l'ordre public* ». [25]

---

[24] *François-Xavier Lucas. La semaine juridique Notariale et Juridique. 5 avril 2002. numéro 14. page 573.*
[25] *Cass. Com. 8 mars 2005. n° 02-17692. Mme D. èsqual. et autre c/ pharmacie XY.*

On en déduit que l'événement qui justifie l'exclusion doit être l'un de ceux dont la survenance pourrait porter atteinte à l'intérêt de la société et troubler la vie sociale : les motifs doivent donc être de nature à sauvegarder l'intérêt social.

Le Professeur Alain Lienard a d'ailleurs clairement souligné que : « *De manière certes préventive, mais quand même, l'idée demeure ici que l'éliminati`n de l'ass`cié n'a d'autre finalité que celle supérieure, de la c`ntinuati`n de la s`ciété.* » [26] Pour Messieurs Mercadal et Janin, il doit s'agir de « *causes `bjectives, n`tamment liées à la réalisati`n de l'`bjet s`cial `u au b`n f`ncti`nnement de la s`ciété* »

Cette exigence de conformité à l'intérêt social et à l'ordre public exclut donc toute hypothèse de clause contenant dans ses dispositions des motifs subjectifs relatifs à la personnalité de l'associé, à ses croyances, à ses convictions etc. Ainsi, un motif se fondant sur l'homosexualité d'un associé ne peut être considéré comme valable.

Les arrêts antérieurs exigeaient que l'exclusion soit justifiée par la pérennité de la société (arrêt du 8 février 1974 rendu par la Cour d'appel de Rouen [27]) ou a minima par de justes motifs. Par « justes motifs », avaient été visées les hypothèses de la perte d'une qualité jugée nécessaire par l'associé exclu ou encore l'inexécution d'une obligation liée à son statut. En revanche, les juges avaient refusé de retenir une telle qualification pour une simple perte de confiance.

Un parallèle peut être fait avec l'actionnariat salarié : On parle d'actionnariat salarié lorsque des salariés détiennent un nombre significatif d'actions de leur entreprise en dehors de simples achats en bourse. Cela peut provenir de souscriptions à prix préférentiel ou, dans certains cas, par distribution de celles-ci en supplément du salaire. Les porteurs sont ainsi intéressés aux actifs et aux bénéfices de la société, détiennent des droits de vote et, dans certains cas, nomment des administrateurs. La perte de la qualité de salarié par un des actionnaires de la société peut être une cause d'exclusion. On retrouve ici le même dispositif que pour les clauses statutaires d'exclusion où un associé peut être exclu lorsqu'il perd une qualité jugée nécessaire (qualité de commerçant dans une société en nom collectif par exemple).

---

[26] *Alain Lienhard. Perte de la qualité d'associé en nom en cas de redressement judiciaire : Recueil Dalloz Sirey. 24 mars 2005. pages 839-840. numéro 12.*

[27] *CA Rouen. 8 février 1974. Revue des sociétés. 1974. 507.*

La clause doit donc contenir des motifs précis et conformes à l'intérêt social et à l'ordre public. Ces motif peuvent être divisés en deux catégories : d'un coté, les motifs relatifs à une éventuelle faute commise par l'associé visé par la mesure d'exclusion, de l'autre, les motifs indépendants de toute faute relatifs à une circonstance objective. Les motifs sont donc de nature différente selon l'existence d'une faute de l'associé.

B. La nature différente des motifs selon l'existence d'une faute.

Lorsqu'un associé manque à l'une de ses obligations prédéfinies dans les statuts, il commet une faute qui a pour conséquence son exclusion de la société : on peut parler dans ce cas d'exclusion-sanction (**1**).

Mais toute clause d'exclusion ne vient pas sanctionner une faute de l'associé : en effet, à côté de l'exclusion-sanction, existe une exclusion de nature plus objective tenant à la situation juridique de l'associé dans la société : on peut parler dans ce cas d'exclusion-régularisation (**2**).

1. L'exclusion-sanction ou l'inexécution d'une obligation par l'associé exclu.

Cette exclusion a notamment pour principe de sanctionner l'associé manquant à une de ses obligations (a) mais la rigueur de cette sanction demeure tempérée par le contrôle judiciaire portant sur la réalité des motifs (b).

a. Le principe de l'exclusion-sanction

La mise en œuvre de la clause d'exclusion s'apparente dans ce contexte à une exclusion disciplinaire prononcée à l'initiative d'un organe social pour assurer la bonne marche de la société. L'associé n'a pas respecté une de ses obligations prévues initialement dans les statuts ce qui déclenche la procédure d'exclusion. Cette stipulation n'est pas nouvelle puisqu'elle reprend un mécanisme légal. En effet, l'exclusion-sanction est prévue par la loi pour les sociétés à capital variable à l'article 52 de la Loi du 24 juillet 1867 et pour les sociétés d'exercice libéral à l'article 21 alinéa 2 de la Loi du 31 décembre 1990. En revanche, pour toutes les autres sociétés, cette exclusion n'est prévue par aucun texte de portée générale. C'est pour pallier à ce silence des textes que les associés prévoient désormais dans les statuts les hypothèses d'exclusion d'un associé en cas de manquement à ses obligations dans la société.

Cependant, même si les associés peuvent prévoir l'exclusion d'un des leurs, cette exclusion ne peut être justifiée que par une liste précise des faits qui déclencheront la procédure d'exclusion. Il ne suffit pas de prévoir que toute faute ou toute atteinte à l'intérêt de la société justifiera l'exclusion de l'associé. Il faudra que soient clairement définies les obligations de faire et de ne pas faire à l'égard des associés, telles que l'obligation de ne pas concurrencer la société ou l'obligation d'avoir des relations commerciales normales avec la société.

Ainsi, dans un arrêt en date du 26 septembre 1989 rendu par la Cour d'appel d'Orléans, une SARL dont les statuts prévoyaient que « *aucun ass`cié ne peut céder la part qu'il p`ssède dans la s`ciété sans le c`nsentement de la maj`rité des ass`ciés représentant au m`ins les tr`is quarts du capital s`cial* » a pu prononcer l'exclusion d'un associé qui avait décidé unilatéralement de son successeur. [28]

A également été jugée licite par la Cour d'Appel de Caen dans un arrêt du 11 avril 1927 la clause des statuts d'une société en nom collectif prévoyant l'exclusion d'un associé si celui-ci venait à manquer à son obligation de s'abstenir de tout acte susceptible de nuire à la société. [29]

Le rôle du juge dans le contrôle de la mise en œuvre de la clause d'exclusion a été précisé au fil des décisions dans un sens très protecteur des intérêts de l'associé. C'est ainsi que lui est reconnu le pouvoir de saisir les tribunaux afin que soit procédé un examen de fond de la clause statutaire d'exclusion.

---

[28] *CA Orléans. 26 septembre 1989. Revue des sociétés. 1990. Somm. 644.*
[29] *CA Caen. 11 avril 1927. Dalloz. 1928. II. 65.*

b.   L'important contrôle judicaire de l'exclusion-sanction

L'exclusion pour faute d'un associé reste une sanction à tempérer puisque l'associé exclu dispose d'un recours judiciaire qui permet aux juges de contrôler les conditions de fond de la clause d'exclusion. Ce contrôle du fond existe que l'exclusion soit fondée sur un motif relatif à une faute de l'associé ou sur une cause objective, mais il sera plus ou moins important selon le cas. De nombreux auteurs tels que Jeantin ou Ripert et Roblot considèrent que « *l'associé exclu a un droit imprescriptible de faire contrôler par le tribunal la véracité des motifs qui ont motivé son exclusion.* » [30]

Dans notre hypothèse d'exclusion-sanction, le juge procédera à un contrôle du fond sur la proportionnalité entre la faute reprochée à l'associé et la mesure dont il est l'objet : il s'agit là d'un élément de moralisation absolument indispensable en vue de protéger l'associé exclu d'éventuels abus.

L'arrêt en date du 8 novembre 1976 rendu par la 1ère Chambre Civile de la Cour de Cassation a ainsi accueilli le pourvoi au motif que la Cour d'Appel de Reims « *était tenue de constater si, conformément au pacte social accepté par les parties, et qui leur tenait lieu de loi, l'exclusion du demandeur procédait d'un motif grave légitimant la mesure disciplinaire prise contre lui.* » [31]

Plus récemment, l'arrêt en date du 21 octobre 1997 rendu par la Chambre commerciale de la Cour de Cassation confirme « *qu'il appartient aux tribunaux, quand ils en sont saisis, de vérifier que l'exclusion n'est pas abusive* » et ce, même si la clause des statuts organisant l'exclusion avait écarté de façon explicite tout contrôle judiciaire. [32]

Ces solutions vont donc dans un sens très protecteur des intérêts des associés exclus destinées à rendre plus supportable leur exclusion.

On peut remarquer la convergence de solutions entre la jurisprudence relative aux sociétés et la jurisprudence relative aux associations quant au contrôle du fond de la clause d'exclusion. En effet, dans un arrêt du 14 février 1979, la 1ère Chambre Civile de la Cour de Cassation a reconnu que « *nonobstant une clause des statuts de l'association qui exclurait une voie judiciaire de contestation des conditions de mise en œuvre de la clause d'exclusion,*

---

[30] *Juris-Classeur Sociétés. Fascicule 31-C. numéro 35.*

[31] *Cass. 1ère civ. 8 novembre 1976. Revue des sociétés. 1977. 285*

[32] *Cass. Com. 21 octobre 1997. Revue des sociétés. 1998. page 99.*

il appartient au juge saisi par le s`ciétaire de c`ntrôler la réalité de la faute alléguée c`mme m`tif légitimant la mesure d'exclusi`n. » [33]

Lorsque l'associé n'a pas commis de faute mais fait tout de même l'objet d'une procédure d'exclusion, on dit qu'il est l'objet d'une exclusion- régularisation c'est-à-dire d'une exclusion fondée sur un motif relatif à sa situation juridique au sein de la société.

2. <u>L'exclusion-régularisation ou tenant à la situation juridique de l'associé.</u>

L'exclusion peut, à côté de la sanction, être une mesure dite de régularisation ou encore une exclusion « remède ».

On parle d'exclusion-régularisation parce que l'exclusion de l'associé a pour unique but d'assurer la pérennité, la survie de la société. L'intérêt individuel des associés est primé par l'intérêt supérieur de la société. L'associé ne remplit plus les conditions requises pour faire partie de la société, il est devenu indésirable du fait du changement de sa situation juridique au sein de la société.

Cela fait déjà plusieurs années que la jurisprudence admet qu'un associé puisse être exclu d'une société pour un motif purement objectif. Plus précisément, c'est par un arrêt du 8 février 1974 que la Cour d'appel de Rouen s'est clairement prononcée en faveur de l'exclusion d'un associé fondée sur un motif prenant en compte l'intuitu personae: « *qu'en effet il est admis que même dans les s`ciétés de capitaux l'intuitu pers`nae peut être pris en c`nsidérati`n. »* [34]

Les hypothèses sont nombreuses : cela peut être l'hypothèse d'un changement de contrôle d'un associé personne morale. En effet, une clause d'exclusion peut prévoir que le changement de contrôle d'une personne morale actionnaire entraine son exclusion. C'est ainsi que la Cour d'appel de Rouen, dans l'arrêt précité, a validé l'exclusion d'une personne morale actionnaire à la suite de la prise de contrôle de celle-ci par une société non susceptible d'être agréée comme actionnaire : « *que si la pérennité d'une s`ciété exige que l'intr`ducti`n*

---

[33] *Cass . 1ère civ. 14 février 1979. Revue des sociétés. 1980. 140.*
[34] *CA Rouen. 8 février 1974. Revue des sociétés. 1974. 507.*

de n`uveaux acti`nnaires s`it s`umise à agrément, il est inc`ntestable qu'elle peut également exiger que la s`ciété puisse exclure les acti`nnaires d`nt la présence app`rte, par suite d'une m`dificati`n imp`rtante de leur situati`n juridique `u éc`n`mique, un risque sérieux de v`ir la s`ciété dét`urnée de s`n but `u placée dans l'incapacité de le p`ursuivre (...), qu'en l'absence dans le dr`it français de disp`siti`ns relatives au dr`it des gr`upes de s`ciété, ladite clause apparaît c`mme la mesure la plus efficace p`ur empêcher les prises de c`ntrôle intempestives `u injustifiables. » La Cour de Rouen autorise donc la société à expulser de son sein les actionnaires devenus indésirables, c'est-à-dire, comme elle les dénomment, ceux qui *« par suite d'une m`dificati`n imp`rtante de leur situati`n juridique `u éc`n`mique »* présentent *« un risque sérieux de v`ir la s`ciété dét`urnée de s`n but `u placée dans l'incapacité de le p`ursuivre. »*

La perte par un associé d'une qualité légalement requise pour faire partie de la société peut également être un motif d'exclusion. On peut citer, par exemple, la perte par un associé de sa qualité de commerçant dans une société en nom collectif (arrêt du 12 juillet 1912 de la Cour d'appel de Rennes [35]).

L'arrêt précité en date du 8 mars 2005 rendu par la Chambre commerciale de la Cour de cassation est particulièrement intéressant.[36] En effet, la Chambre commerciale, tout en marquant son choix en faveur du fondement contractuel de la solution, a admis la validité de la clause d'exclusion en cas de redressement judiciaire de l'associé. Or le redressement judiciaire est un cas non prévu par l'article L 221-16 du Code de commerce qui dispose que :
« *L`rsqu'un jugement de liquidati`n judiciaire `u arrêtant un plan de cessi`n t`tale, une mesure d'interdicti`n d'exercer une pr`fessi`n c`mmerciale `u une mesure d'incapacité est devenu définitif à l'égard de l'un des ass`ciés, la s`ciété est diss`ute, à m`ins que sa c`ntinuati`n ne s`it prévue par les statuts `u que les autres ass`ciés ne la décident à l'unanimité.*

Dans le cas de c`ntinuati`n, la valeur des dr`its s`ciaux à remb`urser à l'ass`cié qui perd cette qualité est déterminée c`nf`rmément aux disp`siti`ns de l'article 1843-4 du c`de civil. T`ute clause c`ntraire à l'article 1843-4 dudit c`de est réputée n`n écrite. »

La Haute juridiction valida la clause d'exclusion au motif qu'elle était conforme à l'intérêt de la société et à l'ordre public alors même qu'il s'agissait d'un cas non prévu par la loi. Les associés peuvent donc compléter, par l'intermédiaire des statuts, les dispositions légales tant

---

[35] *CA Rennes. 12 juillet 1912. J. Soc. 1913. page 23. Note Bosvieux.*
[36] *Voir note précédente n°25.*

qu'ils respectent l'intérêt social et l'ordre public. La Cour de cassation confirme ainsi sa position qui tend, depuis plusieurs années, à protéger de plus en plus les intérêts des associés tout en leur laissant une certaine liberté dans l'énoncé des motifs justifiant l'exclusion.

Cette liberté laissée aux associés au nom de la liberté contractuelle peut avoir pour conséquence d'engendrer de nombreux abus : c'est pourquoi l'exclusion-régularisation ne devrait être admise que dans des cas précis comme le souligne le Professeur Yves Guyon : *« si l'exclusi`n-sancti`n paraît c`nf`rme aux principes généraux du dr`it, l'exclusi`n-remède suscite des réserves et ne devrait être admise que dans des cas limités. »* [37]

Les motifs de la clause d'exclusion font l'objet d'un contrôle judiciaire quant à leur légalité. Ce contrôle sera toutefois moins important pour les motifs fondant une exclusion-régularisation. En effet, l'application de la clause statutaire d'exclusion sera quasiment automatique dans l'hypothèse d'une telle exclusion, l'associé ayant nécessairement eu connaissance, au moment de la signature des statuts, des faits qui pourront lui être imputé au cours de la vie sociale.

La validité des clauses statutaires d'exclusion ne fait donc désormais plus aucun doute, la seule rigueur tenant aux conditions qu'elles doivent respecter sous peine de nullité. Pour autant, qu'est ce qui justifie les clauses ? Sur quel fondement peut-on les qualifier ?

§2. La recherche de la qualification de l'exclusion.

Certains auteurs ont tenté de rechercher sur quel fondement on pouvait justifier et qualifier les clauses statutaires d'exclusion. Deux qualifications peuvent être retenues : l'une fondée sur le droit des obligations et relative notamment à l'exclusion-sanction (A), l'autre fondée sur l'article 1844-7-5 du Code civil et relative à l'exclusion-régularisation (B)

---

[37] *Yves Guyon. Aménagements statutaires et conventions entre associés. Paris: L.G.D.J, mars 2002,5ème édition, pages 89-91.*

A. <u>Une qualification possible fondée sur le droit des obligations.</u>

En droit des obligations, la clause statutaire d'exclusion a été analysée comme une clause résolutoire lorsqu'elle est justifiée par un manquement de l'associé à une obligation (**1**) et comme une condition résolutoire lorsqu'elle est fondée sur un motif purement objectif (**2**).

<u>1. La qualification en clause résolutoire de la clause d'exclusion-sanction.</u>

Traditionnellement, la résolution d'un contrat découle d'une décision judiciaire. Cependant, il existe dans notre droit, une forme particulière de résolution extrajudiciaire qui est la clause résolutoire.

Cette clause est prévue à l'article 1184 du Code civil qui dispose que : « *La c`nditi`n rés`lut`ire est t`uj`urs s`us-entendue dans les c`ntrats synallagmatiques, p`ur le cas `ù l'une des deux parties ne satisfera p`int à s`n engagement.*

Dans ce cas, le c`ntrat n'est p`int rés`lu de plein dr`it. La partie envers laquelle l'engagement n'a p`int été exécuté, a le ch`ix `u de f`rcer l'autre à l'exécuti`n de la c`nventi`n l`rsqu'elle est p`ssible, `u d'en demander la rés`luti`n avec d`mmages et intérêts. »

Selon le Vocabulaire juridique, la clause résolutoire se définit comme la « *clause par laquelle les parties, ad`ptant une c`nditi`n rés`lut`ire expresse, décident à l'avance dans un c`ntrat (bail, vente, etc.) que celui-ci sera de plein dr`it rés`lu, du seul fait de l'inexécuti`n par l'une des parties de s`n `bligati`n, sans qu'il s`it nécessaire de le demander au juge et sans que celui-ci, s'il est saisi, disp`se en principe d'un p`uv`ir d'appréciati`n.* » [38]

L'originalité de cette clause réside dans le fait que la résolution se produit de plein droit par le seul effet de la clause sans avoir à le demander au juge nécessairement.

En droit des contrats, l'inexécution d'une obligation entraine donc la résolution du contrat.

---

[38] *G. Cornu. Vocabulaire juridique. Puf 2007. 8ème édition. pages 769 et 770.*

En droit des sociétés, en cas d'inexécution d'une obligation par un associé, le lien est rompu entre l'associé exclu et la société mais la société continue d'exister avec les autres associés.

Peut-on dès lors transposer la clause résolutoire au droit des sociétés ?

Cette théorie avait déjà été émise par Lépargneur ; en effet, selon Lépargneur, l'article 1184 du Code civil « *aurait permis de légitimer une telle mesure, qui laisserait se maintenir à l'égard des autres ass`ciés le c`ntrat de s`ciété, la rés`luti`n d'une c`nventi`n c`nclue entre plus de deux c`ntractants p`uvant n'être pr`n`ncée qu'à l'enc`ntre de celui qui a vi`lé ses engagements.* » [39]

Mais encore faut-il que la clause résolutoire puisse être transposable au droit des sociétés. En droit des contrats, la clause résolutoire pour être valable doit remplir plusieurs conditions telles que : la mise en demeure préalable, l'obligation de bonne foi, le droit de recourir au juge en cas de contestation du caractère fautif des agissements visés. Ces conditions ne devraient pas poser de problème en droit des sociétés.

Mais lorsque l'on regarde de plus près les conditions spécifiques de chacune de ces deux clauses, on se rend compte qu'elles ne peuvent être rattachées du fait de nombreuses divergences entre elles.

Tout d'abord, la clause statutaire d'exclusion doit garantir aux associés menacés d'exclusion le respect des règles procédurales, élément indispensable pour sa mise en œuvre, ce que la clause résolutoire, lors de son exécution, ne garantie pas ; la clause d'exclusion doit également clairement être stipulée dans les statuts de la société à peine de nullité alors que la clause résolutoire est, comme l'énonce l'article 1184 du Code civil, « *t`uj`urs s`us-entendue* ». A supposer même que l'article 1184 du Code civil soit applicable au droit des sociétés, il semblerait que la clause résolutoire ne puisse entrainer que la résolution du contrat et non l'exclusion de l'associé de la société, à la différence de la clause d'exclusion qui permet aux autres associés de demeurer au sein de la société et d'assurer ainsi la survie de la société.

Enfin, dernier élément pour le moins important, est le pouvoir d'appréciation du juge lors de l'application de la clause. La particularité de la clause résolutoire est qu'elle exclut toute intervention du juge dans la résolution du contrat sauf si l'une des parties en conteste la rupture ou refuse de remettre les choses en l'état. Ce n'est donc qu'en cas de contestation de

---

[39] *J. Lépargneur. L'exclusion d'un associé. J sociale. 1928. 257*

la clause que les juges disposeront d'un certain pouvoir d'appréciation mais leurs pouvoirs se trouveront limités. Ils perdent tout pouvoir d'apprécier si la gravité de l'inexécution justifie la résolution ; ils ne peuvent que contrôler la réalité de l'inexécution visée par la clause et si les conditions sont remplies, ils doivent constater la résolution. En témoigne les nombreuses décisions jurisprudentielles rendues à ce sujet :

« *Les juges ne disp`sant d'aucun p`uv`ir d'appréciati`n de la gravité des infracti`ns l`rsqu'elles d`nnent lieu à l'applicati`n d'une clause rés`lut`ire.* » arrêt du 19 octobre 1977. (8) [40]

« *Une clause rés`lut`ire n'étant pas une clause pénale au sens de l'article 1152 du C`de civil, la C`ur d'appel décide justement que la clause rés`lut`ire devait être appliquée sans qu'il s`it nécessaire de rechercher si cette sancti`n était pr`p`rti`nnée `u pas à la gravité du manquement inv`qué.* » arrêt du 20 juillet 1989. [41]

« *La p`ssibilité de c`ntrôler si la clause rés`lut`ire est mise en œuvre de b`nne f i c`nfère t`utef is un certain p`uv`ir d'appréciati`n au juge.* » arrêt du 15 décembre 1975. [42]

Les pouvoirs du juge se trouvent donc réduits en cas d'application d'une clause résolutoire ; ce qui va à l'encontre du dispositif du droit des sociétés puisque quand l'associé commet une faute au sein de la société, le rôle du juge, s'il est saisi, s'en trouve encore plus renforcé : il doit en effet constater qu'il n'y a pas d'abus en vérifiant la proportionnalité entre la faute reprochée et la mesure d'exclusion dont fait l'objet l'associé, , contrairement aux clauses résolutoires qui s'imposent au juge qui perd ainsi toute liberté d'apprécier la gravité des infractions commises.

L'article 1184 du Code civil ne peut donc servir de fondement pour qualifier la clause statutaire d'exclusion en clause résolutoire. Certes, dans leur objet, la clause d'exclusion et la clause résolutoire se rapprochent puisqu'elles tendent toutes deux à la résolution d'un contrat du fait de l'inexécution d'une obligation par l'une des parties. Mais, dans leur mise en œuvre, ces deux clauses s'éloignent : l'une tendant à protéger les intérêts de l'associé exclu avec un pouvoir d'appréciation poussé du juge ; l'autre tendant à ériger en principe absolu la liberté contractuelle des parties avec un pouvoir d'appréciation limité du juge.

---

[40] *Cass. civ, 3ème. 19 octobre 1977. D. 1978. Page 162.*

[41] *Cass. civ, 3ème. 20 juillet 1989. Bulletin civil. III. numéro 172. page 93*

[42] *Cass. civ, 3ème. 15 décembre 1975. Bulletin civil. III. numéro 465. page 354.*

Outre la clause résolutoire, le droit des obligations a également servi de fondement pour la clause d'exclusion reposant sur des faits objectifs, autrement dit, certains auteurs ont cherché à qualifier la clause d'exclusion-remède en condition résolutoire.

2 .La qualification en condition résolutoire de la clause d'exclusion-régularisation.

La condition résolutoire est un mécanisme prévu à l'article 1183 du Code civil qui dispose que : «*La c`nditi`n rés`lut`ire est celle qui, l`rsqu'elle s'acc`mplit, `père la rév`cati`n de l'`bligati`n, et qui remet les ch`ses au même état que si l'`bligati`n n'avait pas existé.*

Elle ne suspend p`int l'exécuti`n de l'`bligati`n ; elle `blige seulement le créancier à restituer ce qu'il a reçu, dans le cas `ù l'événement prévu par la c`nditi`n arrive. »

Il faut la distinguer de la condition suspensive définie à l'article 1181 du Code civil comme : « *L'`bligati`n c`ntractée s`us une c`nditi`n suspensive est celle qui dépend `u d'un événement futur et incertain, `u d'un événement actuellement arrivé, mais enc`re inc`nnu des parties.*

Dans le premier cas, l'`bligati`n ne peut être exécutée qu'après l'événement. Dans le sec`nd cas, l'`bligati`n a s`n effet du j`ur `ù elle a été c`ntractée. »

La condition résolutoire peut être définie comme un événement futur et incertain qui, s'il survient, entraîne la disparition de l'obligation. Le contrat est effectif mais si la condition se réalise, le contrat sera résolu.

Un parallèle peut être fait avec le droit des sociétés où l'incapacité d'un associé (par exemple) entraine l'exclusion de celui-ci de la société en nom collectif et met fin au contrat passé avec la société. L'incapacité peut être vue comme la condition qui, si elle se réalise, entraine la résolution du contrat passé avec la société.

L'article 1183 du Code civil pourrait servir de fondement pour qualifier la clause d'exclusion dans le droit des sociétés en condition résolutoire du droit des obligations mais, tout comme la clause résolutoire, il nous semble que la condition résolutoire ne peut qu'entrainer la résolution du contrat et non l'exclusion de l'associé.

Il n'y a pas que le droit des obligations qui ait servi de « base » à la recherche d'une qualification possible de la clause statutaire d'exclusion, le droit des sociétés a également été invoqué pour fonder et qualifier l'exclusion.

B. Une qualification possible fondée sur l'article 1844-7-5 du Code civil.

Au lendemain de la réforme des sociétés commerciales, il avait été proposé que l'ancien article 365 de la loi du 24 juillet 1966, aujourd'hui article 1844-12 du Code civil, puisse fournir au juge le fondement lui permettant de prononcer l'exclusion d'un associé ; l'article 1844-12 du Code civil disposant que : « *En cas de nullité d'une société ou d'actes ou délibérations postérieurs à sa constitution, fondée sur un vice de consentement ou l'incapacité d'un associé, et lorsque la régularisation peut intervenir, toute personne, y ayant intérêt, peut mettre en demeure celui qui est susceptible de l'opérer, soit de régulariser, soit d'agir en nullité dans un délai de six mois à peine de forclusion. Cette mise en demeure est dénoncée à la société.*

La société ou un associé peut soumettre au tribunal saisi dans le délai prévu à l'alinéa précédent, toute mesure susceptible de supprimer l'intérêt du demandeur notamment par le rachat de ses droits sociaux. En ce cas, le tribunal peut, soit prononcer la nullité, soit rendre obligatoires les mesures proposées si celles-ci ont été préalablement adoptées par la société aux conditions prévues pour les modifications statutaires. Le vote de l'associé dont le rachat des droits est demandé est sans influence sur la décision de la société.

En cas de contestation, la valeur des droits sociaux à rembourser à l'associé est déterminée conformément aux dispositions de l'article 1843-4. »

Selon ce texte, si l'action en nullité est choisie, un associé ou la société peut demander que toute mesure soit prise pour supprimer l'intérêt du demandeur notamment par le rachat de ses titres sociaux c'est-à-dire par son exclusion de la société.

Un parallèle avait alors été fait avec l'article 1844-7 alinéa 5 du Code civil, relatif à la dissolution pour justes motifs, selon lequel « *la société prend fin par la dissolution anticipée prononcée par le tribunal à la demande d'un associé pour justes motifs, notamment en cas d'inexécution de ses obligations par un associé, ou de mésentente entre associés paralysant le fonctionnement de la société.* »

Champaud avait en effet énoncé que : « *en cas de mésintelligence, les juges ne pr`n`ncent la diss`luti`n* (de l'article 1844-7 alinéa 5 anciennement article 1871 du Code civil) *que s'ils relèvent d'ab`rd un c`mp`rtement pr`uvant que l'affecti` s`cietatis a disparu et ensuite que cette dispariti`n entraine une paralysie définitive de l'activité s`ciale. Le s`in app`rté par les tribunaux à relever la réuni`n de ces deux c`nditi`ns tém`igne du caractère excepti`nnel de cette diss`luti`n f`ndée en définitive sur la dispariti`n c`ns`mmée `u inéluctable de deux éléments c`nstitutifs f`ndamentaux de la s`ciété : l'affecti` s`cietatis et l'`bjet s`cial. (...) Ce rais`nnement avait l'inc`nvénient de ne s'appuyer sur aucun texte légal et de ne p`uv`ir inv`quer aucun principe f`ndamental de n`tre dr`it des s`ciétés. Le principe f`rmulé par l'alinéa sec`nd de l'article 365 précité n`us paraît dés`rmais lui `ffrir cette base légale qui lui faisait défaut tant il est vrai qu'il serait aisé de dém`ntrer que l'acti`n en diss`luti`n de la s`ciété p`ur juste m`tif est en réalité une acti`n en déclarati`n de nullité f`ndée sur la dispariti`n d'éléments c`nstitutifs essentiels de la s`ciété.* » [43]

A la lecture de cet article, l'idée nous semble intéressante. On pourrait rapprocher en effet ces deux actions en démontrant qu'elles tendent toutes deux à exclure un associé dont l'affectio societatis fait défaut privant ainsi la société d'un élément constitutif et la rendant dès lors nulle.[44] Mais, l'article 1844-12 du Code civil ne vise que les hypothèses de vice de consentement et d'incapacité d'un associé, ces circonstances étant étrangères au champ d'application de l'article 1844-7 alinéa 5 du Code civil qui ne concerne que le cas de mésentente entre les associés de la société. On ne peut donc que réfuter l'argument avancé par Chambaud quant au fondement légal de l'exclusion d'un associé.

La Cour de Versailles dans un arrêt du 19 janvier 1989 illustre bien que le champ d'application de l'article 1844-12 du Code civil est limité aux dispositions de la loi et ne saurait être étendu à d'autres hypothèses en considérant que « *c'est à b`n dr`it qu'ils s`utiennent que l'article 1844-12 du C`de civil est inapplicable en l'espèce, que ce texte ne vise en effet, p`ur permettre le rachat de dr`its s`ciaux, que le cas de nullité d'une s`ciété `u d'actes `u délibérati`ns p`stérieurs à sa c`nstituti`n, f`ndée sur un vice du c`nsentement `u*

---

[43] *Cl. Chambaud. Revue Trimestrielle de droit Commerciale. 1967. 181.*

[44] *Voir également en ce sens : J-P Storck. La continuation d'une société par l'élimination d'un associé. Revue des sociétés. 1982. page 233.*

l'incapacité d'un ass`cié, que leur imp`ser, en deh`rs de ces c`nditi`ns, la vente de leurs dr`its serait c`ntraire à l'article 544 du C`de civil. » [45]

Les clauses statutaires d'exclusion doivent prévoir à l'avance les différents motifs justifiant l'exclusion. Il s'agit de la première condition de fond nécessaire à la validité de la clause mais une autre condition doit également être remplie pour que la clause puisse valablement s'appliquer ; il s'agit du consentement exigé dans la procédure d'exclusion d'un associé de la société.

SECTION II. LE CONSENTEMENT EXIGE DANS LA PROCEDURE D'EXCLUSION D'UN ASSOCIE.

Le consentement est une condition de fond indispensable à toute procédure d'exclusion. Il doit être donné à la fois lors de l'insertion de la clause d'exclusion en cours de vie sociale (§1) et lors du vote portant sur l'exclusion de l'associé. (§2)

§1. Lors de l'insertion de la clause d'exclusion en cours de vie sociale.

Une clause statutaire d'exclusion d'un associé peut valablement être insérée dans les statuts d'origine de la société : dès la création de la société, les associés acceptent librement et

---

[45] *Versailles. 19 janvier 1989. Bulletin joly sociétés. 1989. 327*

en toute connaissance de cause l'éventualité d'une exclusion. Se pose cependant la question de savoir s'il est possible d'insérer, en cours de vie sociale, une clause d'exclusion. Cette question a fait l'objet de nombreux débats doctrinaux portant notamment sur le lien entre la clause d'exclusion insérée en cours de vie sociale et la notion d'augmentation des engagements des associés (A). Ce débat a été tranché par un arrêt du 27 mars 2001 rendu par la Cour d'appel de Paris qui exige l'unanimité des associés à titre de validité de la clause d'exclusion (B) confortant ainsi l'idée selon laquelle une telle clause emporte l'augmentation des engagements des associés.

A. L'insertion d'une clause d'exclusion et la notion d'augmentation des engagements des associés.

L'histoire commence par un arrêt en date du 9 février 1937 de la Cour de cassation. Selon cet arrêt : « *les engagements des acti`nnaires primitifs ne s`nt augmentés que si les décisi`ns prises par l'assemblée générale entrainent une aggravati`n de la dette c`ntractée par eux envers la s`ciété `u envers les tiers ;*
Tel n'est l'effet ni de la réglementati`n du dr`it de préempti`n, ni des restricti`ns app`rtées à la cessibilité des acti`ns, qui peuvent diminuer les dr`its des acti`nnaires, mais ne c`nstituent pas une augmentati`n de leurs engagements ;
Dès l`rs, est à b`n dr`it déclarée valable la délibérati`n de l'assemblée générale extra`rdinaire qui, par v`ie de m`dificati`n des statuts, étend le dr`it de préempti`n des acti`nnaires, primitivement limités aux cessi`ns entre vifs, à t`us les cas de transfert d'acti`ns, y c`mpris les transmissi`ns par décès. » [46]

Cet arrêt énonce deux points importants : tout d'abord il donne la définition de la notion d'augmentation des engagements des associés puisque la Chambre civile affirme que « *les engagements des acti`nnaires primitifs ne s`nt augmentés que si les disp`siti`ns prises par l'assemblée générale entrainent une aggravati`n de la dette c`ntractée par eux envers la s`ciété `u envers les tiers.* »

---

[46] *Cass. Civ. 9 février 1937. Revue des sociétés. 2000. pages 10-11.*

Ensuite, cet arrêt affirme clairement que l'introduction en cours de vie sociale d'une clause de préemption ne constitue pas une augmentation des engagements des actionnaires puisqu'elle n'aggrave pas la dette de l'associé.

Cette solution a alors été étendue aux clauses statutaires d'exclusion qui constitueraient, non pas une augmentation des engagements des associés, mais une diminution de leurs droits.

Puis, a été rendu un arrêt remarqué de la Chambre commerciale de la Cour de cassation en date du 26 mars 1996.[47] Par cet arrêt, la Haute juridiction admet, à propos d'une clause de non-concurrence, que l'insertion dans les statuts, en cours de vie sociale, d'une clause limitant la liberté du commerce et la liberté du travail des associés, constitue une augmentation des engagements requérant l'unanimité, conformément à l'article 1836 du Code civil qui dispose que : « *Les statuts ne peuvent être m`difiés, à défaut de clause c`ntraire, que par acc`rd unanime des ass`ciés.*

En aucun cas, les engagements d'un ass`cié ne peuvent être augmentés sans le c`nsentement de celui-ci. »

Jusqu'à présent, l'augmentation des engagements des associés était réduite à l'aggravation de leurs seules obligations financières conformément à la jurisprudence de 1937. Désormais, le concept d'engagement des associés s'étend aussi aux obligations non pécuniaires, l'aggravation des charges d'un associé pouvant se manifester par une obligation d'abstention telle qu'ici une clause de non-concurrence qui porte atteinte aux libertés individuelles des associés que sont la liberté du travail et du commerce.

Laurent Godon a considéré que l'on pouvait déduire « *qu'à c`té de stipulati`ns supprimant partiellement une liberté `u aménageant certains dr`its, il y en auraient d'autres qui p`rteraient, cette f`is, irrémédiablement atteinte à ces mêmes dr`its `u libertés. C`nf`rmément à la jurisprudence de la C`ur de cassati`n, seules les premiers peuvent être appr`uvées à la maj`rité al`rs que les sec`ndes requièrent en t`ut état de cause l'unanimité.* »[48] Paul Le Cannu a même estimé que l'arrêt Chazalon introduisait une espèce intermédiaire entre l'augmentation des engagements et la diminution des droits.[49]

La question a alors été de savoir s'il fallait étendre cette jurisprudence relative aux clauses de non-concurrence aux clauses statutaires d'exclusion insérées en cours de vie sociale. Cette question a fait l'objet de nombreux débats doctrinaux, certains auteurs militant

---

[47] *Cass. Comm. 26 mars 1996. Chazalon c/ SA Buthurieux et associés Bae et autres*
[48] *Laurent Godon. Revue des sociétés. 1996. page 793.*
[49] *Paul La Cannu. Bulletin Joly société.1996. 604.*

pour la solution de 1937 en ne voyant dans les clauses d'exclusion qu'une diminution des droits des associés, d'autres se fondant sur l'arrêt de 1996 pour considérer que l'insertion d'une clause d'exclusion dans les statuts en cours de vie sociale constituait une augmentation des droits des associés.

Ainsi, Sabine Dana-Damaret a t-elle écrit que « *le principe de l'exclusi`n c`nstitue une atteinte évidente aux dr`its pr`pres des ass`ciés. Cependant, cette atteinte n'entraine pas une augmentati`n de leurs engagements, mais une diminuti`n de leurs dr`its : il n'y a pas aggravati`n de leur dette envers la s`ciété `u les tiers, mais suppressi`n d'un dr`it, celui de rester ass`cié. »* [50]

A l'inverse, s'oppose à cette conception, une doctrine favorable à l'exigence de l'unanimité admise sur le fondement de l'augmentation des engagements des associés. Ainsi, a t-il été écrit que lors de l'insertion de la clause d'exclusion dans les statuts en cours de vie sociale « *l'unanimité des ass`ciés s'imp`se car seul l'acquiescement de t`us les intéressés efface l'atteinte p`rtée au dr`it pr`pre de rester ass`cié et aut`rise une m`dificati`n des termes du pacte s`cial `bligeant chaque signataire à titre d'ass`cié. »* [51] On peut en effet concevoir l'insertion d'une clause d'exclusion dans les statuts en cours de vie sociale comme une atteinte au droit fondamental qu'a tout associé de rester dans la société et exiger, dès lors, au titre de l'augmentation de leurs engagements, l'unanimité de tous les associés.

Deux courants doctrinaux se sont donc opposés pour savoir s'il fallait l'unanimité ou non des associés lors de l'insertion de la clause durant la vie sociale et si l'insertion constituait une augmentation des engagements des associés ou au contraire une diminution de leurs droits. C'est dans ce contexte que la Cour d'appel de Paris est venue mettre un terme à ce débat doctrinal.

---

[50] *Sabine Dana-Damaret. Revue des sociétés. 1988.page 247-253.*

[51] *Laurent Godon. Les obligations des associés. page 241. numéro 371.*

B. L'unanimité requise à titre de validité de la clause d'exclusion.

L'arrêt du 27 mars 2001 tranche avec fermeté le débat relatif au lien entre les clauses statutaires d'exclusion insérées en cours de vie sociale et la notion d'augmentation des engagements des associés. Il est désormais acquis que les clauses statutaires d'exclusion emportent augmentation des engagements des associés et ne peuvent être insérées en cours de vie sociale que par un vote à l'unanimité des associés. [52]

De nombreux auteurs ont accueilli cette solution avec enthousiasme tel que François-Xavier Lucas qui écrivit que « *une clause d'exclusi`n, ne limiterait-elle pas la liberté de l'ass`cié de faire c`ncurrence, ne peut être insérée dans les statuts en c`urs de vie s`ciale que par un v`te des ass`ciés à l'unanimité. (...) En particulier, il faut que chaque ass`cié ait accepté l'idée de se tr`uver un j`ur exp`sé à une cessi`n f rcée de ses dr`its s`ciaux. La l`i de maj`rité est impuissante à lui imp`ser une telle atteinte à s`n dr`it de demeurer ass`cié. La clause d`it d`nc av`ir été intr`duite dans les statuts dès la c`nstituti`n de la s`ciété `u en c`urs de vie s`ciale mais à l'issue d'un v`te qui ne peut être acquis qu'à l'unanimité. C'est d`nc à juste titre que la C`ur d'appel décide ici que la rés`luti`n ayant inséré dans les statuts une clause d'exclusi`n, sans l'appr`bati`n de certains acti`nnaires est nulle.* » [53]

Notons, par ailleurs, l'existence d'un jugement en date du 12 juin 1972 rendu par le tribunal de commerce de Paris qui s'avère être un avant gout de l'arrêt de 2001. [54] En effet, selon cette décision, lorsque les statuts de la société absorbante comportent la possibilité d'exclusion d'un associé, cette clause ne peut être imposée aux anciens actionnaires qu'avec leur accord unanime car elle viole manifestement le droit fondamental d'un actionnaire de société anonyme de rester actionnaire. Mais cette décision restera isolée.

L'arrêt du 27 mars 2001 met donc fin au débat doctrinal en tranchant avec fermeté pour le vote à l'unanimité des associés. Mais, même si on ne peut aller à l'encontre de la jurisprudence, on peut toutefois émettre quelques réserves. Certes, la clause prévoyant la possible exclusion d'un associé est en soi un acte grave portant atteinte au droit fondamental de demeurer associé et il est donc tout à fait compréhensible que, si elle doit être insérée en

---

[52] *CA Paris. 27 mars 2001. RJDA. 2001. n° 973.*

[53] *F-X Lucas. La Semaine Juridique Notariale et Immobilière. 5 avril 2002. numéro 4. page 573.*

[54] *Trib. Commerce. Paris. 12 juin 1972. Bulletin Joly sociétés. 1973. page 324. §140.*

cours de vie sociale, le vote se fasse à l'unanimité. De plus, dans la mesure où la validité de la cause d'exclusion réside dans le principe de l'autonomie de la volonté, tous les associés doivent y consentir. Mais de là à considérer qu'il s'agit d'une augmentation des engagements des associés… car comme l'a souligné Sabine Dana-Damaret, il n'y a pas à proprement parlé d'aggravation de leurs droits, la stipulation d'exclusion restreint juste leur droit de rester associés. On pourrait dès lors approuver le vote à l'unanimité de la clause d'exclusion mais sans pour autant le fonder sur l'augmentation des engagements des associés.

L'unanimité exigée pour l'insertion d'une clause statutaire d'exclusion en cours de vie sociale se distingue des hypothèses d'indivision ou de copropriété où la majorité suffit pour prendre les décisions.

En ce qui concerne l'indivision, le législateur de 1976 avait expressément soumis tous les actes d'administration et de disposition au principe de l'unanimité tout en prévoyant un ensemble de mesures dérogatoires. La Loi du 23 juin 2006 est venue modifier ce dispositif en soumettant les actes d'administration en général et même certains actes de disposition à une règle de majorité figurant à l'article 815-3 du Code civil. L'alinéa 3 de cet article énonce dans quelles circonstances le consentement de tous les indivisaires est requis, plus précisément : « *le c`nsentement de t`us les indivisaires est requis p`ur effectuer t`ut acte qui ne ress`rtit pas à l'expl`itati`n n`rmale des biens indivis et p`ur effectuer t`ut acte de disp`siti`n autre que ceux visés au 3°.* »

Pour la copropriété, le principe est la majorité simple avec, dans quelques hypothèses, un recours à la majorité absolue. L'article 25 de la Loi du 2 juillet 2003 énumère un certain nombre de décisions qui ne peuvent être adoptées qu'à la majorité des voix de tous les copropriétaires telles que la désignation ou la révocation du syndic et des membres du conseil syndical ou les modalités de réalisation et d'exécution des travaux rendus obligatoires en vertu de dispositions législatives ou réglementaires.

Que se soit l'unanimité pour l'indivision ou la majorité absolue pour la copropriété, on se rend compte que, dès lors qu'il s'agit de questions importantes relatives à la vie en communauté, des dispositions sont prises pour que toute personne concernée puisse intervenir à ce sujet, donner son consentement ou non comme c'est le cas pour les clauses statutaires d'exclusion où il est important que chaque associé puisse donner son consentement pour qu'elles puissent être insérées en cours de vie sociale.

Les associés doivent consentir unanimement à l'insertion d'une clause d'exclusion dans les statuts en cours de vie sociale. Cette exigence d'unanimité est requise à titre de validité de la clause, ce sans quoi la clause est déclarée nulle. Le consentement des associés est également exigé lors du vote relatif à l'exclusion d'un associé.

§2. Lors du vote portant sur l'exclusion d'un associé.

Lors du vote portant sur l'exclusion d'un associé, le consentement des associés est exigé. S'est alors posée la question de savoir si l'associé visé par la procédure d'exclusion pouvait participer au vote décidant de sa mise à l'écart. La Cour de cassation par un arrêt du 23 octobre 2007 considère que l'associé visé par la procédure d'exclusion ne peut être privé de son droit de vote (A) consacrant ainsi le droit de vote comme un attribut essentiel des associés. (B)

A. L'impossibilité de priver un associé du droit de participer au vote relatif à son exclusion.

Il est admis qu'un associé puisse être exclu d'une société dès lors que la loi ou une clause statutaire le prévoit expressément. Et lorsque l'organe désigné pour se prononcer sur l'exclusion est l'assemblée des associés, la question est de savoir si l'associé concerné par l'exclusion peut participer au vote ou si au contraire il est possible de l'exclure du vote.
Cette question fait partie des problèmes classiques de l'exclusion d'un associé.

La Chambre commerciale dans un arrêt du 9 février 1999 énonce clairement que « t`ut ass`cié a le dr`it de participer aux décisi`ns c`llectives et de v`ter et que les statut ne peuvent dér`ger à ces disp`siti`ns. »[55] en se fondant sur les dispositions de l'article 1844 alinéas 1 et 2 du Code civil. Certes, l'arrêt d'Yquem concernait une société en commandite par actions mais il a été considéré que ce visa s'appliquait à toutes les sociétés quelque soit

---

[55] *Cass. Com. 9 février 1999. N° 96-17.661. SCA du Château d'Yquem c/ de Chizelle et autres.*

leur forme : « *ce visa qui f`nde la s`luti`n lui c`nfère un caractère de généralité indiscutable.* »[56]

C'est donc sans surprise que la Chambre commerciale dans un arrêt du 23 octobre 2007 étendit cette jurisprudence du Château d'Yquem au cas particulier des sociétés par action simplifiée (SAS) au visa des articles 1844 alinéa 1 du Code civil et L227-16 du Code de commerce: « *Que si les statuts d'une SAS peuvent, dans les c`nditi`ns qu'ils déterminent, prév`ir qu'un ass`cié peut être tenu de céder ses acti`ns, ce texte n'aut`rise pas les statuts, l`rsqu'il sub`rd`nne cette mesure à une décisi`n c`llective des ass`ciés, à priver l'ass`cié, d`nt l'exclusi`n est pr`p`sée, de s`n dr`it de participer à cette décisi`n et de v`ter sur la pr`p`siti`n.* »[57] Cet arrêt consacre l'idée selon laquelle le droit de vote est un droit auquel on ne peut déroger même statutairement et ce, peu importe les raisons invoquées pour sa suppression. Ainsi la Cour d'appel avait validé la clause supprimant le droit de vote de l'associé majoritaire au motif qu'elle permettait de « *régler certaines situati`ns de c`nflit d'intérêts entre la s`ciété et les ass`ciés et que t`us les ass`ciés y `nt c`nsenti librement l`rs de la signature des statuts.* » motif qui sera donc censuré par la Cour de cassation.

Ce principe quant à la conservation du droit de vote vient compléter la protection des associés menacés d'exclusion en apportant des limites à la liberté contractuelle dans les SAS.

Il est désormais acquis que, dès lors que l'organe de décision est une assemblée des associés, l'associé visé par la procédure d'exclusion doit pouvoir participer à la décision d'exclusion et voter. On peut donc penser qu'il suffit que l'organe de décision soit un organe autre que l'assemblée des associés pour que l'associé concerné par la mesure d'exclusion puisse être évincé du vote comme un tiers arbitre ou une commission ad hoc par exemple.

Quoiqu'il en soit, cet arrêt du 23 octobre 2007 consacre l'idée qu'un associé ne pourrait être privé de son droit de participer au vote relatif à son exclusion, le droit de vote demeurant ainsi un attribut essentiel des associés.

---

[56] *Y. Reinhard. RTD com. 1999. page 902.*
[57] Cass. Com. 23 octobre 2007. n°06-165.37. D. c/ Consorts X et SAS Arts et entreprises.

B. Le droit de vote, attribut essentiel de l'associé.

Selon Yves Guyon, le droit de vote est d'ordre public, nul ne peut y déroger sauf disposition légale.[58] En atteste deux arrêts antérieurs aux arrêts de 1999 et 2007 : un arrêt de 1932 de la Cour de cassation tout d'abord selon lequel « *le dr`it de v`te aux assemblées est l'un des attributs essentiels de l'acti`n ; si s`n exercice peut être réglementé dans une certaine mesure par les statuts, il ne saurait en aucun cas être supprimé.* »[59] et un autre de 1941 de la Chambre des requêtes qui énonce que « *l'assistance et le v`te des acti`nnaires aux délibérati`ns c`nstitue un attribut essentiel de l'acti`nnaire et l'exécuti`n d'une `bligati`n c`ntractée par lui envers la s`ciété à rais`n de s`n titre en même temps qu'un acte utile à la mise en valeur `u à la c`nservati`n du dr`it m`bilier faisant partie de s`n patrim`ine particulier.* »[60]

Le droit de vote est une prérogative politique et irréductible qui est conférée à chaque associé et qui ne peut lui être retiré. L'associé exclu peut donc participer au vote portant sur son éviction de la société et l'on devine qu'il répondra certainement par la négative lors du vote. On comprend dès lors que certains associés minoritaires essaient, pas le biais des statuts de la société, d'exclure du vote l'associé majoritaire visé par la procédure d'exclusion afin que celui-ci ne puisse y participer ; ainsi, la suppression du droit de vote aurait pour objectif d'éviter les conflits d'intérêts ce qui est selon Yves Guyon « *un `bjectif légitime c`nf rme aux impératifs de l'`yauté et de b`nne f`i auxquels le dr`it des s`ciétés attache de plus en plus d'imp`rtance.* »[61] Mais le droit de vote est un droit intangible qui ne peut être supprimé même pour cause de conflits d'intérêts. A cela, on pourrait d'ailleurs répondre que, si l'associé majoritaire bloque le vote, les associés minoritaires pourront toujours saisir le juge pour abus de majorité ; ou alors serait-il possible de mettre de coté la distinction associés majoritaires/minoritaires et d'instaurer un vote où chaque associé n'aurait qu'une seule voix indifféremment de la part du capital social détenu par chacun, du moins pour les SAS. [62]

Pour la Cour de cassation, la clause stipulant que l'associé visé par l'exclusion est privé de son droit de vote est donc nulle. La solution est différente en ce qui concerne les

---

[58] Yves Guyon. Semaine juridique édition entreprises. 1999. page 724.
[59] *Cass. Civ. 7 avril 1932. Dalloz. 1933. I. page 153.*
[60] *Req. 23 juin 1941. Sirey. 1976. 2ème édition. page 263.*
[61] *Yves Guyon. Préc. 1999. page 725.*
[62] *En ce sens : D. Gibrila. Répertoire du notariat Défrenois. 30 mars 2008. n°6. page 674.*

dirigeants-associés ; on veut éviter le conflit d'intérêt et l'associé est, par conséquence, exclut de son droit de vote : en effet, on ne veut pas que l'associé ne s'avantage lors des votes à la différence de l'arrêt de 2007 où l'associé est majoritaire et peut participer au vote car, il n'y a pas à proprement parler, de conflit d'intérêt puisqu'il est associé et « seulement » associé.

On peut relever la jurisprudence rendue en matière du droit de vote de l'usufruitier et du nu-propriétaire qui diffère de la jurisprudence d'Yquem et Arts et entreprise. En effet, par deux arrêts en date du 22 février 2005[63] et 13 juillet 2005[64], la Haute juridiction admet que les statuts peuvent attribuer la totalité du droit de vote au seul usufruitier à condition de ne pas priver le nu-propriétaire de son droit de participer aux décisions collectives visé par l'article 1844 alinéa 1 du Code civil confirmant ainsi l'arrêt Gaste[65]. En effet, l'alinéa 4 de l'article 1844 du Code civil permet de déroger statutairement à l'alinéa 3 relatif à l'aménagement du droit de vote entre usufruitier et nu-propriétaire mais il est strictement interdit de déroger à l'alinéa 1 qui vise le droit pour tout associé de participer aux décisions collectives. Cette jurisprudence autorise donc que l'on puisse supprimer le droit de vote d'un associé nu-propriétaire. Cette solution ne choque pas ; comme l'a écrit François-Xavier Lucas à propos du nu-propriétaire : « *il est dés`rmais acquis que s`n dr`it intangible de participer à la vie de la s`ciété n'inclut pas nécessairement celui de v`ter et peut parfaitement se traduire par d'autres faç`ns de l'ass`cier à la vie s`ciale tel que le dr`it à l'inf`rmati`n.* »

La décision d'exclusion d'un associé reste une mesure suffisamment grave pour qu'elle ne soit pas laissée à l'arbitraire de ses coassociés. C'est pourquoi elle doit respecter de nombreuses conditions de fond et de forme afin de protéger au mieux les associés. Ainsi, à titre de conditions de forme, doivent être respectées les règles procédurales protégeant les garanties de l'exclu.

---

[63] *Cass. Com. 22 février 2005. n°03-17.421. Gerard c/ Cts Gerard.*
[64] *Cass. 2ème civ. 13 juillet 2005. n°02-15.904. SNC Cabinet Bruno.*
[65] *Cass. Com. 4 janvier 1994. Revue des sociétés. 1999. 79.*

CHAPITRE II.

LE RESPECT DES REGLES PROCEDURALES PROTEGEANT LES GARANTIES DE L'EXCLU.

Les droits de la défense reposent sur deux principes fondamentaux : le droit de se faire assister par un avocat et le droit à un débat contradictoire préalable. Or, ces principes concernent seulement le droit processuel. Qu'en est-il lorsque l'associé est menacé d'exclusion ? Peut-il se prévaloir des droits de la défense alors qu'il fait l'objet d'une mesure grave disciplinaire? La Cour de cassation, par de nombreux arrêts, est venue préciser les garanties procédurales reconnues à l'associé menacé d'exclusion. Ainsi, l'associé ne peut se prévaloir de l'article 6-1 de la Convention Européenne de Sauvegarde des Droits de l'Homme et des Libertés Fondamentales (CESDH) relatif au droit de se faire assister par un avocat (**Section I**) mais la Haute juridiction lui reconnait le droit à un débat contradictoire préalable. (**Section II**)

SECTION I. LE REFUS DU DROIT DE SE FAIRE ASSISTER PAR UN AVOCAT.

L'article 6§1 de la CESDH confère à tout citoyen le droit à un procès équitable. Ces dispositions protectrices (**§1**) ne s'appliquent pas pour autant à l'associé menacé d'exclusion. (**§2**)

§1. Les dispositions protectrices de l'article 6§1 de la CESDH.

Le paragraphe premier de l'article 6 énonce les principes du procès équitable stricto sensu aussi bien en matière pénale qu'en matière civile et définit le champ d'application de ce droit. Tout citoyen peut se prévaloir de ce droit qui est considéré par la jurisprudence comme étant fondamental. Ce principe du droit à un procès équitable est lui-même composé de plusieurs droits qui sont les différents droits de la défense tel que le principe de contradiction qui garantit l'égalité des armes permettant d'assurer un équilibre entre la défense et l'accusation dans le procès pénal et entre les parties dans le procès civil.

La CEDH rappelle très souvent le critère irréductible de ces droits : « *Vi`le l'article 6.1 gde la C`nventi`n eur`péenne de sauvegarde des dr`its de l'h`mme et des libertés f`ndamentales, l'absence de c`mmunicati`n des c`nclusi`ns de l'av`cat général au demandeur en cassati`n devant la chambre criminelle de la C`ur de Cassati`n n`n représenté par un av`cat au C`nseil d'Etat et à la C`ur de Cassati`n, le dr`it à une pr`cédure c`ntradict`ire au sens de l'article 6.1 impliquant le dr`it p`ur les parties à un pr`cès de se v`ir c`mmuniquer et de discuter t`ute pièce `u `bservati`n présentée au juge, fût-ce par un magistrat indépendant, en vue d'influencer sa décisi`n. »*[66]

De même, la CJCE dans un arrêt du 29 juin 1994 a souligné que « *le respect des dr`its de la défense dans t`ute pr`cédure `uverte à l'enc`ntre d'une pers`nne et susceptible d'ab`utir à un acte faisant grief à celle-ci c`nstitue un principe f`ndamental c`mmunautaire et d`it être assuré.* »[67] Et force est de constater que, lorsque la norme nationale ne suffit plus à obtenir gain de cause, beaucoup de plaideurs invoquent l'article 6§1 de la CESDH dans l'espoir de pouvoir saisir en ultime recours la Cour européenne de Strasbourg ; « *la CESDH est s`llicitée al`rs de faç`n imaginative, c`mme s'il s'agissait d'une panacée universelle, d'une s`rte de super dr`it que l'`n p`urrait inv`quer à t`rt et à travers.* »[68] On sait que l'article 6§1 concerne essentiellement le droit processuel. Peut-on dès lors étendre les principes du droit processuel au droit décisionnel d'un organe interne d'une société ? Plus

---

[66] *CEDH. 31 mars 1998. Reinhardt & Slimane-Kaid.*

[67] *CJCE. 29 juin 1994. Affaire C-135/92.*

[68] *E. Garaud. Bulletin Joly Sociétés. Aout-septembre 2004. §217. page 1111.*

précisément, un associé menacé d'exclusion peut-il se faire assister par un avocat lors de la procédure d'exclusion au terme de l'article 6§1 de la CESDH ?

La Haute juridiction considère qu'un associé menacé d'exclusion ne saurait exigé l'assistance d'un avocat et décide donc de la non application de l'article 6§1 à la procédure d'exclusion.

§2. La non application de l'article 6§1 à la procédure d'exclusion.

La procédure d'exclusion soulève de nombreuses questions quant à sa mise en œuvre. Que peut-on faire, exiger, ne pas faire ?

L'arrêt du 16 juin 1993 a ainsi été confronté à une nouvelle difficulté : un associé menacé d'exclusion peut-il avoir droit à l'assistance d'un avocat devant l'assemblée délibérant sur son exclusion ? [69] En l'espèce, l'associé coopérateur visé par la mesure d'exclusion avait invoqué le fait que son exclusion constituait une mesure disciplinaire et que toute personne qui fait l'objet d'une procédure d'exclusion a le droit de se faire assister par un avocat au nom de l'article 6§1 de la CESDH. La 1ère Chambre civile de la Cour de Cassation refusa de reconnaître à l'associé le droit à l'assistance d'un avocat au motif que « *l'assemblée générale n'est pas un `rgane juridicti`nnel `u disciplinaire, établi par la l`i, mais un `rgane de gesti`n interne à la s`ciété.* » et que dès lors les dispositions de l'article 6§1 ne trouvaient pas à s'appliquer. En effet, le droit à l'assistance d'un avocat prévu à l'article 6§1 n'est reconnu que devant les juridictions et non pas devant un simple organe interne d'une société. La Haute juridiction fait donc une mise au point sur la différence entre les décisions des juridictions et les délibérations d'une assemblée générale. Mais l'associé exclu pourra toujours se prévaloir d'un avocat s'il décide de porter son recours de la décision de l'assemblée générale devant une juridiction compétente. Ainsi, il pourra bénéficier de toutes les garanties procédurales lui garantissant un procès équitable lors du recours devant la justice.

---

[69] *Cass. 1ère Civ. 16 juin 1993. Pecorini c/cave coopérative vinicole Santa barba de Sartène.*

Cette solution qui préserve le droit à un procès équitable devant les juridictions au nom de l'article 6§1 ne peut qu'emporter notre conviction, comme l'ont souligné E. Alfandari et M. Jeantin : « *La s`luti`n retenue qui limite le rôle de l'assemblée générale à celui d'une instituti`n interne est d`nc n`n seulement c`nf`rme aux s`luti`ns généralement admises en matière de s`ciétés, mais enc`re préserve le d`uble degré de juridicti`n en cas de c`ntestati`n judiciaire de la s`luti`n retenue par l'assemblée générale* »[70] Cet arrêt du 16 juin 1993 a d'ailleurs été réaffirmé par une décision du 10 mai 2006 relative à la révocation et l'exclusion d'un associé gérant.[71] La Cour rappelle en des termes quasi identiques que l'assemblée générale n'est pas un organe juridictionnel et que l'associé, n'étant pas partie au procès lors de la délibération de l'assemblée, ne peut exiger la présence de son avocat. La Haute Juridiction confirme donc son hostilité à étendre les dispositions de l'article 6§1 de la CESDH hors du droit processuel.

Cette solution a également été rendue en matière d'association où il a été jugé que « *les disp`siti`ns de l'article 6 de la CESDH s`nt sans applicati`n aux c`nseils d'administrati`n `u aux assemblées générales d'ass`ciati`n examinant la vi`lati`n d'engagements c`ntractuels.* »[72] De même en matière administrative où un joueur de football, qui avait été suspendu à la suite d'une affaire de corruption, avait critiqué cette sanction sur le fondement de l'article 6§1. Le Conseil d'Etat considéra que ses dispositions « *ne s`nt applicables qu'aux pr`cédures c`ntentieuses suivies devant les juridicti`ns et ne peuvent d`nc être utilement inv`quées par le requérant.* »[73]

La Haute juridiction refuse donc d'appliquer à la procédure d'exclusion d'un associé les droits de la défense et ce, pour deux raison : d'un coté parce que l'assemblée générale et le conseil d'administration ne sont pas des organes juridictionnels, de l'autre parce qu'ils examinent seulement la violation d'engagements contractuels. On peut dès lors penser qu'aucun droit de la défense ne pourrait être invoqué lors d'une procédure d'exclusion. Or, il apparaît, à la suite de nombreux arrêts, que la jurisprudence reconnaît à l'associé menacé d'exclusion le droit à un débat préalable contradictoire lui permettant de présenter sa défense.

---

[70] *E. Alfandari et M. Jeantin. RTD com. 1994. page 71.*
[71] *Cass. Com. 10 mai 2006. GAMA c/ Mme Hélène Susini, épouse de Luca.*
[72] *Cass. 1ère Civ. 16 mars 2004. Rolando c/ Association Groupe des pêcheurs provençaux et plaisanciers. Bulletin civil. I. n°83.*
[73] *CE. 5 mai 1995. Burruchaga. Lebon. 1995. page 197.*

SECTION II. Le droit au respect du principe du contradictoire.

Le principe du contradictoire a été introduit très tôt dans la jurisprudence française et est désormais considéré comme une condition indispensable à toute procédure d'exclusion exigée à peine de nullité. (§1) Cependant, ce principe est remis en cause lorsque la clause statutaire d'exclusion s'applique automatiquement sans qu'aucune appréciation n'ait nécessairement eu lieu. (§2)

§1. Une condition exigée à peine de nullité

« Il n'est pas illégitime de préférer une pr`cédure `rale à une pr`cédure écrite `u une pr`cédure accusat`ire à une pr`cédure inquisit`riale. Il n'y a, au c`ntraire, pas de ch`ix p`ssible entre une pr`cédure c`ntradict`ire et une pr`cédure qui ne l'est pas. Et `n ne peut d`uter qu'une pr`cédure d`it être aussi c`ntradict`ire qu'il est rais`nnablement p`ssible qu'elle le s`it. »[74] Ces quelques lignes résument bien toute l'importance du principe du contradictoire qui résulte directement de l'exigence de défense des parties et de vérité du jugement. Il est considéré comme le droit matriciel de toute procédure. Il peut être défini comme le moyen pour les parties d'échanger leurs arguments afin que la juridiction compétente puisse statuer. Mais qu'en est-il hors du cadre processuel lors d'une procédure d'exclusion ?

L'associé doit pouvoir faire prévaloir ses moyens de défense lors de la procédure d'exclusion. H. Le Nabasque estime à cet égard *« qu'il est indispensable d'`uvrir à l'acti`nnaire le dr`it, bien légitime, de se faire entendre, fût-ce p`ur rép`ndre aux différents griefs qui lui s`nt imputés. »*[75]

La jurisprudence considère elle aussi que l'associé visé par une procédure d'exclusion doit pouvoir s'exprimer sur les griefs articulés contre lui. (à propos de l'exclusion d'un

---

[74] *M. Chapus. Droit du contentieux administratif Montchrétien. Domat droit public. 12ème édition. 2006. n°960. page 818.*
[75] *H. Le Nabasque. Droit des sociétés. Octobre 1996. Chronique n°14. page 4.*

associé qui ne s'était expliqué que sur les griefs articulés contre lui au début de la procédure d'exclusion, mais non sur ceux, nouveaux, présentés par le conseil d'administration pour proposer son exclusion : arrêt du 12 février 1973 de la Chambre commerciale)[76]

Le principe du contradictoire est également apparu dans le contentieux relatif à la révocation des dirigeants sociaux. La Chambre commerciale de la Cour de cassation a reconnu aux directeurs généraux le droit de se faire entendre préalablement à leur révocation.[77] Cette solution conduit à élargir le contrôle par les tribunaux de la révocation ad nutum ou sur justes motifs des directeurs généraux[78] et à offrir à ces derniers une protection encore plus importante lors de leur révocation. Ainsi, qu'il soit ou non administrateur, le directeur général doit être en mesure de présenter sa défense.

La même analyse a été rendue à propos de l'exclusion d'un membre d'un GIE où il est désormais acquis qu'un membre ne peut être exclu qu'après avoir été mis en mesure de préparer sa défense,[79] et d'un membre d'une association où la Haute juridiction, au visa de la loi du 1er juillet 1901 et du principe des droits de la défense, considère que le membre visé par l'exclusion est en droit de connaître avec précision les fautes qui lui sont reprochées et les preuves réunies contre lui afin de pouvoir se défendre devant l'organe investi du pouvoir disciplinaire.[80]

Le principe du contradictoire s'avère être un principe fondamental auquel nul organe interne d'une société ne peut déroger. La jurisprudence tend à une protection de plus en plus accrue des intérêts de l'associé lors de la procédure d'exclusion. Pour autant, cela peut sembler un peu paradoxal. En effet, la jurisprudence refuse que l'associé se fasse assister par un avocat et donc d'appliquer à la procédure d'exclusion un des droits de la défense mais pour autant, elle admet en parallèle que d'autres droits de la défense soient applicables. Elle opère donc un tri entre les droits pouvant s'appliquer et ceux ne pouvant être invoqués.

Certains auteurs estiment d'ailleurs que le principe du contradictoire devrait être réservé, tout comme le droit à l'assistance d'un avocat, au cadre processuel. F-X Lucas écrivait que « *à partir du m`ment `ù l'`n juge que les décisi`ns de l'assemblée générale ne s`nt pas prises par un `rganisme juridicti`nnel `u disciplinaire mais par un `rgane de gesti`n interne du gr`upement, il faut en tirer t`utes les c`nséquences et refuser de singer le pr`cès. C'est*

---

76 *Cass. Com. 12 février 1973. Bulletin civil. IV. n°69.*

77 *Cass. Com. 26 avril 1994. Michel Pesnelle c/ Société Autoliv Klippan.*

78 *CA Paris. 5 avril 1999. Bulletin Joly sociétés. 1999. page 686.*

79 *Cass. Com. 7 juillet 1992. JCP G. 1993. I. page 88.*

80 *Cass. 1ère Civ. 19 mars 2002. M. Abihssira c/ Association des distributeurs Edouard Leclerc et autres. n°00-10645. JurisData n°2002-013593.*

al`rs t`ut le pr`cès, ses p`mpes et ses rites qui d`ivent être tenus à l'écart, à c`mmencer par le principe de la c`ntradicti`n qui apparaît ne pas av`ir sa place dans l'élab`rati`n des décisi`ns d'assemblée. »[81] Ce à quoi on pourrait répondre que la jurisprudence procède juste à une application au cas par cas des droits de la défense, que certains sont conciliables avec le processus décisionnel interne d'une société alors que d'autres sont réservés au cadre processuel ; que la jurisprudence cherche à minimiser l'impact qu'a une exclusion sur un associé en lui offrant un minimum de protection et de garanties procédurales ; qu'en excluant un associé d'une société on porte atteinte à son droit fondamental de demeurer dans la société et à son droit de propriété ; que si l'on regarde de plus près, ce n'est pas à proprement parlé le principe de contradiction comme on l'entend devant les juridictions qui est appliqué : en effet, le principe du contradictoire dont peut se prévaloir l'associé menacé d'exclusion ne joue pas le même rôle lors de la procédure d'exclusion : la jurisprudence veille ici à ce que l'associé soit informé des motifs qui fondent son exclusion, qu'il soit convoqué devant l'organe compétent pour prononcer son exclusion et qu'il puisse présenter lui-même sa défense devant ledit organe alors que devant les juridictions, le principe de contradiction est perçu comme un moyen pour les parties d'échanger leurs arguments.

Le principe du contradictoire est donc exigé lors de toute procédure d'exclusion sans quoi la nullité de la décision d'exclusion peut être prononcée. Mais il en est différemment lorsque la clause statutaire d'exclusion s'applique automatiquement.

§2. Une condition remise en cause par l'automaticité de la clause d'exclusion.

Nous avons vu précédemment qu'en fonction des motifs justifiant l'exclusion, le contrôle du juge est plus ou moins important. Lorsque l'exclusion est fondée sur une faute de l'associé, le juge doit contrôler la proportionnalité entre la gravité de la faute et la mesure prise à l'égard de l'associé ; il s'agit alors d'un contrôle judiciaire important. A l'inverse,

---

[81] *F-X Lucas. Revue des contrats. 01 octobre 2006. n°4. page 1186.*

lorsque l'exclusion est fondée sur un motif objectif, le contrôle judiciaire se retrouvait réduit, l'associé menacé d'exclusion ayant nécessairement eu connaissance, au moment de la signature des statuts, des faits qui pourront justifier une éventuelle exclusion de la société.

Cette différence du pouvoir du juge lors du contrôle des motifs, qui est fonction d'une faute ou non de l'associé, peut également apparaître lors du contrôle des conditions de forme, plus précisément lors du contrôle par le juge du respect des droits de la défense dont peut se prévaloir tout associé menacé d'exclusion. Ainsi, lorsque l'exclusion est fondée sur une faute, le principe du contradictoire doit être respecté, c'est une obligation exigée à peine de nullité comme vu précédemment. Le principe du contradictoire est important dès lors que les raisons de l'exclusion entrainent une appréciation. Qu'en est-il lorsque l'exclusion est justifiée par un fait objectif et que la clause s'applique automatiquement ?

Une jurisprudence récente de la Cour de cassation semble admettre la validité d'une exclusion sans que le principe du contradictoire ait été respecté dès lors que la clause d'exclusion joue de plein droit.[82] Ph. Reigné avait déjà relevé, à la suite d'un arrêt du 3 décembre 1996 où la Cour de cassation avait jugé que « *la C`ur d'appel retient que les statuts de l'ass`ciati`n et le c`ntrat de pan`nceau f rment un t`ut indivisible, la résiliati`n du c`ntrat de pan`nceau emp`rte radiati`n de l'ass`ciati`n.* », que « *l'aut`matisme de la radiati`n apparaît peu c`nciliable avec le respect du principe du c`ntradict`ire et des dr`its de la défense.* »[83]

Dans notre espèce, la 1ère Chambre civile, dans un arrêt du 19 mars 2002 précité,[84] avait annulé la procédure d'exclusion d'un membre d'une association au motif que le principe du contradictoire n'avait pas été respecté. La cour de renvoi de Paris [85] puis la Cour de cassation du 13 novembre 2008 se fondèrent sur l'ensemble contractuel indivisible de trois structures juxtaposées, qui sont l'association ACDLEC, la société coopérative Galec et la société Scapsul, pour prononcer l'exclusion du membre de l'association alors même que l'associé n'avait pu se défendre valablement devant l'organe compétent pour prononcer son exclusion. Pour la Cour de cassation, le contrat de panonceau est résilié de plein droit pour manquement à une stipulation expresse du contrat par l'associé et entraine l'exclusion du membre de l'association sans débat contradictoire alors que c'est justement l'absence de débat préalable

---

[82] *Cass. 1ère Civ. 13 novembre 2008. n°06-12920. Abihssira c/ ACDLEC. JurisData n° 2008-045780.*

[83] *Cass. 1ère Civ. 3 décembre 1996. Ph. Reigné. JCP E. 1997. II. n°961.*

[84] *Cass. 1ère Civ. 19 mars 2002. M. Abihssira c/ Association des distributeurs Edouard Leclerc et autres. n°00-10645. JurisData n°2002-013593.*

[85] *CA Paris. 1ère chambre. Section A. audience solennelle. 8 février 2006.*

contradictoire pendant la procédure d'exclusion qui avait motivé l'annulation de l'exclusion du membre de l'association dans l'arrêt de 2002. La jurisprudence semble donc considérer que les garanties procédurales n'ont pas à être respectées dès lors que la clause d'exclusion joue de plein droit sans appréciation.

Cependant, cette solution doit être prise avec une certaine réserve. En effet, la Cour, comme le souligne P. Rubellin,[86] semble sous-entendre que le membre menacé d'exclusion avait pu, au préalable, se défendre devant la présidence de la société coopérative Galec et que les faits reprochés et débattus devant cette société étant également à l'origine de la résiliation du contrat de panonceau, les droits de la défense ont été exercés durant la procédure initiale. Il semblerait donc que la clause d'exclusion joue de plein droit par la résiliation du contrat de panonceau sans débat contradictoire mais à la condition que les droits de défense aient pu être exercés durant une procédure antérieure relative aux mêmes faits.

Pour conclure, on peut considérer que si l'exclusion est fondée sur un fait objectif prévu initialement dans les statuts et consenti par l'associé, ce dernier n'a pas à être informé de la mesure d'exclusion dont il fait l'objet et n'a pas à se prévaloir d'un débat contradictoire. Cette solution s'avère être sévère à l'égard de l'associé et est en contradiction avec la jurisprudence habituelle qui tend pour une protection accrue des garanties procédurales de l'associé menacé d'exclusion. Certes, l'associé en donnant son consentement ab initio sait à l'avance quels sont les faits susceptibles de lui être reprochés et pouvant fonder une éventuelle exclusion de la société mais pour autant le débat préalable contradictoire doit être préservé pour que l'associé puisse se justifier sur les circonstances, peut-être exceptionnelles, qui l'ont amené à manquer à l'une de ses obligations prévues initialement. Le principe de la contradiction est un droit reconnu comme étant fondamental, dès lors il doit être préservé, que se soit dans un cadre processuel ou non processuel, que se soit dans une procédure où la clause d'exclusion joue de plein droit ou non.

En définitive, on se rend compte que l'intervention du juge s'avère plus que nécessaire pour parer à toute éventualité de nature à méconnaitre les prérogatives fondamentales de l'associé concerné par une procédure d'exclusion. Il faut en effet respecter de nombreuses

---

[86] *P. Rubellin. Bulletin Joly Sociétés. 01 juin 2009. n°9. page 572.*

conditions de mise en œuvre de la clause statutaire d'exclusion pour que celle-ci puisse être valable et produire ses effets.

TITRE II.

LES CONSEQUENCES DE L'EXCLUSION D'UN ASSOCIE.

L'exclusion d'un associé entraine plusieurs conséquences importante pour l'associé visé par la mesure d'exclusion. Dans un premier temps, il est procédé au rachat de ses parts sociales (Chapitre I) puis il perd, dans un second temps, définitivement sa qualité d'associé au sein de la société. (Chapitre II)

CHAPITRE I.

LE RACHAT DES TITRES SOCIAUX DE L'ASSOCIE EXCLU.

Dans toutes les sociétés, lorsqu'un associé quitte la société, volontairement (clause de retrait) ou involontairement (clause statutaire d'exclusion), il est procédé au rachat de ses titres sociaux. Cette volonté de payer l'associé sortant résulte de l'article 544 du Code civil : on souhaite protéger le titulaire du droit de propriété sur ses parts sociales. Le prix de ses titres doit alors être fixé pour que le remboursement puisse avoir lieu. Mais la fixation du prix peut être source de mésentente entre les différentes parties. Dans ce cas là, on a recours à un expert, en cas de contestation sur le prix, prévu à l'article 1843-4 du Code civil. **(Section I)** La jurisprudence a par ailleurs choisi de laisser à l'expert une très grande liberté dans sa mission de détermination de la valeur des droits sociaux. **(Section II)**

SECTION I. LE RECOURS A L'EXPERT DE L'ARTICLE 1843-4 DU CODE CIVIL EN CAS DE CONTESTATION SUR LA VALEUR DES DROITS SOCIAUX.

La jurisprudence aurait pu se pencher sur l'article 1592 du Code civil relatif à la vente pour justifier le recours à un expert en cas de contestation mais elle s'est éloignée de cette idée (§1) pour se référer à l'article 1843-4 du Code civil consacrant ainsi son caractère d'ordre public. (§2)

§1. La référence à l'article 1592 du Code civil exclue en cas de contestation.

Les articles 1591 et 1592 du Code civil sont relatifs à la vente où le prix est déterminable, d'où la possibilité pour les parties de déterminer à l'avance le prix dans les statuts. Ces textes sont de portée générale et s'appliquent à toutes les ventes. Le principe de la vente est donc acquis mais l'impossibilité actuelle de fixer définitivement le prix exige un complément d'information apporté par l'expert, ce choix de recourir à un tiers de l'article 1592 étant facultatif pour les parties.

Au terme de l'article 1592 du Code civil, le prix peut donc être laissé à l'arbitrage d'un tiers et si celui-ci ne le veut pas ou ne peut le faire, il n'y aura point vente. Cependant le tiers visé par l'article 1592 du Code civil ne peut être considéré ni comme un arbitre puisque, par hypothèse, aucun litige n'oppose les parties ni comme un expert qui serait chargé de donner un avis consultatif ne liant ni le juge ni les parties. Il est, en réalité, perçu comme un mandataire commun aux deux parties qui serait chargé de fixer le prix définitif pour parfaire la vente. Au cours de sa mission, le mandataire doit retenir la valeur la plus objective possible en respectant l'intérêt de chaque mandant et si les parties prévoient dans la convention certaines règles d'évaluation, celles-ci s'imposent à l'expert. En effet, les parties peuvent définir un cadre dans lequel sa mission doit s'inscrire, comme par exemple, lui demander de ne pas tenir compte de tel élément ou de suivre telle méthode d'évaluation, ces considérations pouvant donc être imposées à l'expert de l'article 1592 du Code civil, la Chambre commerciale rappelant clairement au visa de l'article 1134 du Code civil que l'expert doit appliquer la méthode d'évaluation arrêtée par les parties. [87]

Dès lors, pourquoi ne pourrait-on pas appliquer les dispositions de l'article 1592 du Code civil au cas particulier du rachat des droits sociaux en cas d'exclusion ou de retrait d'un associé ? Ainsi, les parties pourraient-elles prévoir à l'avance les méthodes d'évaluation du rachat des titres sociaux dans les statuts, l'expert devant alors être tenu par ces modalités.

La jurisprudence, en se référant à l'article 1843-4 du Code civil, s'est éloignée de cette idée. Elle rattache l'article 1843-4 du Code civil aux hypothèses de rachat des droits sociaux d'un associé exclu ou retrayant en cas de contestation sur la valeur de ces droits.

Plusieurs raisons peuvent être invoquées en ce sens. Tout d'abord, on peut relever que l'article 1592 ne vise que le droit commun des ventes et non les droits sociaux ; en effet, les rédacteurs du Code Napoléon ne s'étaient penchés que sur les ventes immobilières et non sur les cessions de parts sociales. De même, si l'on opte pour l'article 1592 cela signifie que, si le tiers ne peut pas ou ne veut pas déterminer le prix, la vente ne pourra jamais être formée puisque cet article prévoit que dans cette hypothèse il n'y a « point vente » alors que lorsqu'un associé quitte la société, le rachat de ses droits sociaux doit avoir lieu, ce sans quoi il ne peut quitter valablement la société, le droit à une indemnité faisant corps avec le droit pour tout associé de rester dans la société. Enfin, l'expert de l'article 1843-4 du Code civil n'intervient qu'après contestation sur le prix alors que le mandataire de l'article 1592 du Code civil intervient hors de toute contestation afin de déterminer le prix de la vente ; ce à quoi on

---

[87] *Cass. Com. 19 décembre 1996. n°03-31042.*

pourrait répondre cependant qu'en pratique, dans les deux cas, on est toujours dans une situation conflictuelle puisque si les parties étaient d'accord sur le prix, elles n'auraient pas eu recours à un expert.

La jurisprudence s'est donc éloignée de l'article 1592 du Code civil en consacrant le caractère d'ordre public de l'article 1843-4 du Code civil.

§2. La consécration du caractère d'ordre public de l'article 1843-4 du code civil.

De nombreux arrêts ont été rendus à propos du recours à l'expert de l'article 1843-4 du Code civil en cas de contestation sur la valeur des droits sociaux, je dirais même plus que se fut une jurisprudence abondante.

Commençons par le commencement : deux arrêts en date du 4 décembre 2007 furent rendu par la Chambre commerciale de la Cour de cassation. Selon ces deux arrêts, l'un relatif au retrait volontaire d'un associé[88] , l'autre concernant l'exclusion d'un associé[89], dès lors qu'il y a contestation sur la valeur des droits sociaux d'un associé dans tous les cas où sont prévus leur cession ou leur rachat par la société, le recours à l'expert prévu par les dispositions d'ordre public de l'article 1843-3 est inéluctable. Ainsi, l'article 1843-4 du Code civil s'impose tant aux cessions ou rachats prévus par la loi qu'aux rachats prévus statutairement. Madame la présidente de la Chambre commerciale avait clairement souligné que « *la questi`n s`ulevée par le p`urv`i c`nsistait d`nc à s'interr`ger sur le p`int de sav`ir si l'article 1843-4 a v`cati`n à s'appliquer au retrait f rcé prévu par les statuts et au retrait v`l`ntaire. La rép`nse semble d'évidence p`sitive s'agissant du retrait v`l`ntaire puisque l'article 1869 du C`de civil renv`ie expressément à l'article 1843-4 du même c`de dans le cas `ù un acc`rd amiable fait défaut. La C`ur de cassati`n a également rép`ndu p`sitivement s'agissant du retrait `bligat`ire prévu par les statuts et n`n par la l`i. Sel`n m`i, c'est le sens de l'arrêt : l'article 1843-4 s'applique même l`rsque le retrait `bligat`ire déc`ule n`n pas de*

---

[88] *Cass. Com. 4 décembre 2007. n°06-13.913. Droit des sociétés. Aout 2008. n°8. 177. Note R. Mortier.*
[89] *Cass. Com. 4 décembre 2007. n°06-13.912. Revue des sociétés. 2008. n°2. page 341. J. Moury.*

la l`i mais des statuts. »[90] L'expertise de prix est donc sortie de son lit d'origine pour s'appliquer à des cas non prévus par la loi.

Un arrêt du 9 décembre 2008 de la Cour d'appel de Paris [91] vient confirmer l'élargissement du cadre d'application de l'article 1843-4 au delà des seuls cas prévus par la loi et tranche la question des pouvoirs de l'expert en considérant qu'il *«résulte de l'article 1843-4 du C`de civil qu'il appartient à l'expert de déterminer lui-même, sel`n les critères qu'il juge appr`priés à l'espèce, sans être lié par la c`nventi`n `u les directives des parties, la valeur des dr`its s`ciaux litigieux.* » Ainsi, en plus du recours à l'expert de l'article 1843-4 en cas d'exclusion ou de retrait d'un associé prévu par les statuts, ce dernier dispose d'une pleine liberté dans l'exercice de sa mission en n'étant pas lier par les directives éventuellement prévues par les parties. Cette solution n'est pas nouvelle puisque dans un arrêt en date du 10 mai 1985, la Cour d'appel de Paris avait déjà affirmé que la clause des statuts prévoyant l'évaluation des droits sociaux en cas de cession ou de rachat est par principe contraire à l'article 1843-4 du Code civil et doit être ainsi réputée non écrite.[92]

C'est ce qu'a également confirmé la Cour de cassation dans un arrêt du 5 mai 2009[93] en cassant l'arrêt rendu le 14 novembre 2007 par la quatorzième chambre de la Cour d'appel de Paris[94]. Elle affirme en effet qu'en cas de contestation sur la valeur des droits sociaux, « *seul l'expert détermine les critères qu'il juge les plus appr`priés p`ur fixer la valeur des dr`its, parmi lesquels peuvent figurer ceux prévus par les statuts.* » L'article 1843-4 du Code civil est donc d'ordre public chaque fois qu'il y a contestation sur la valeur de rachat des titres sociaux aussi bien pour les cas prévus par la loi que ceux prévus par les statuts. Mais qu'en est-il des pactes extrastatutaires ?

Les arrêts du 4 décembre 2007 et du 5 mai 2009 ne délimitent pas le champ d'application de l'article 1843-4 du Code civil : ils énoncent juste qu'il s'applique pour les cas prévus dans les statuts ; on peut donc penser que l'article 1843-4 s'applique à toutes les cessions de droit sans opérer une distinction entre les statuts et les conventions extrastatutaires. Il résulte d'un arrêt du 26 novembre 1996 que l'article 1843-4 du Code civil

---

[90] *La pratique de l'évaluation irrévocable à dire d'expert. Gazette du Palais. 4 et 5 septembre 2009. Introduction. page 2.*

[91] *CA paris. 3ème chambre. Section A. 9 décembre 2008. Deyglun c/Société civile des Mousquetaires. JurisData n°2008-375159.*

[92] *CA. Paris. 10 mai 1985. 25ème Chambre. Section A.*

[93] *Cass. Com. 5 mai 2009. n°08-17.465. JCP E. 18 juin 2009. n°25. 1632. Note R. Mortier.*

[94] *CA Paris. 14ème chambre. Section A. 14 novembre 2007. Société civile des Mousquetaires c/ Cregniot. JurisData n°2007-350600.*

ne s'applique aux pactes extrastatutaires que si le pacte fait expressément référence au texte ; dans cette hypothèse, l'application de l'article 1843-4 au pacte extrastatutaire est inévitable. Le recours à l'expert doit donc avoir été expressément inclus dans la convention extrastatutaire.

Qu'en est-il lorsqu'il n'y a pas eu de référence à l'expert dans le pacte? L'hésitation est permise : soit on considère que l'article 1843-4 du Code civil est quant même applicable aux conventions extrastatutaires et dans ce cas, l'article 1843-4 inhibe toutes les clauses prévues légalement, statutairement et extrastatutairement y compris celles parfaitement acceptées par les parties ; soit l'article 1843-4 du Code civil ne s'applique pas et dans ce cas là, les parties sont tenues par les méthodes d'évaluation prévues initialement dans le pacte extrastatutaire même si la clause s'avère être défavorable à l'associé. Un arrêt du 24 novembre 2009 traita cette question : Il s'agissait en l'espèce d'une promesse unilatérale de vente stipulée dans un pacte extrastatutaire et consentie au majoritaire par des associés gérants, sous condition suspensive de la cessation de toute fonction sociale ou salariée. Le promettant s'opposait à la réalisation forcée de la vente au prix convenu en invoquant le fait que l'article 1843-4 du Code civil s'appliquait également aux cessions et rachats prévus par actes extrastatutaires et ce, quand bien même les parties auraient déterminé à l'avance les modalités de calcul du prix de la cession. Le rejet de sa demande par la Cour d'appel est justifié par le caractère tardif de la contestation et confirmé par la Cour de cassation : « *Mais attendu qu'ayant relevé, par référence aux stipulati`ns précisant les m`dalités de calcul du prix de cessi`n, que celui-ci était déterminable et que la cessi`n était devenue parfaite dès la levée de l'`pti`n, la c`ur d'appel, qui a ainsi fait ress`rtir que le prix n'avait fait l'`bjet d'aucune c`ntestati`n antérieure à la c`nclusi`n de la cessi`n, en a exactement déduit que la demande de fixati`n du prix à dire d'expert devait être rejetée; [que le m`yen n'est pas f`ndé]* ». [95] La Haute juridiction rejette ainsi le pourvoi au motif qu'il n'y avait pas de contestation caractérisée antérieurement à la conclusion de la cession, ce qui laisse donc penser, qu'a contrario, l'expertise sera de droit si le promettant conteste le prix avant la levée de l'option, date à laquelle la vente est parfaite.

Cette jurisprudence ouvre ainsi la voie à l'intervention de l'expert dans les conventions extrastatutaires. Il est vrai que le droit de l'associé à une juste indemnité doit pouvoir jouer dans tous les cas où la cession ou le rachat des droits sociaux intervient au détriment de l'associé sortant dès lors que la valeur de la cession ou du rachat est sans rapport avec la

---

[95] *Cass. Com. 24 novembre 2009. T. c/ SA Norauto. n°08-21.369. JurisData n°2009-050459.*

valeur réelle des parts sociales et ce, que la sortie de l'associé soit prévue légalement, par les statuts ou par des pactes extrastatutaires. Ainsi, si il n'y a aucune référence dans les pactes extrastatutaires à l'article 1843-4 du Code civil, le recours à l'expert ne sera approuvé que si la contestation a eu lieu antérieurement à la conclusion de la cession, ce qui ne laisse, au final, que très peu de cas possibles puisque cela voudrait dire que le promettant devra saisir un expert entre la conclusion de la promesse et la levée de l'option : or, s'il n'est pas satisfait ? Doit-il saisir l'expert alors qu'à ce moment là la vente est encore incertaine ?

Cela ne me semble pas très perspicace, il restera que le juge devra faire le tri entre les contestations artificielles et celles qui peuvent réellement bénéficier de l'expertise à moins que le promettant stipule juste qu'en cas de levée d'option il demandera la nomination d'un expert.

La Cour de Versailles dans un arrêt du 10 septembre 2009 a par contre considéré que « *l'article 1843-3 n'est applicable que l'rsque la cessi`n des parts s`ciales n'est pas sp`ntanément v`ulue par les parties, mais se tr`uve imp`sée par des règles législatives, statutaires `u extrastatutaires ; qu'il n'est pas applicable en cas de pr`messe de vente librement c`nsentie sel`n un prix déterminable sur des éléments `bjectifs.* » Ainsi, la Cour considère que l'article 1843-4 est sans application dans le cas de promesses de vente ou d'achat librement consenties et applique cette règle à des promesses croisées qui résultaient d'un pacte extérieur aux statuts comme en l'espèce.[96]

Au vu de tous ces arrêts, on se rend compte que la jurisprudence interprète de manière extensive le caractère d'ordre public de l'article 1843-4 du Code civil en offrant, de plus, une pleine liberté à l'expert lors de sa mission.

---

[96] *CA Versailles. 10 septembre 2009. n°05-01.182.Bulletin Joly Sociétés. 01 novembre 2009. n°11. page 1018.*

SECTION II. LA PLEINE LIBERTE OFFERTE A L'EXPERT.

Alors que l'expert est libre de faire ce qu'il veut comme il veut, le juge quant à lui se retrouve cantonné au seul pouvoir de désignation de l'expert (§1). Cette liberté dont bénéficie l'expert nie la liberté contractuelle des parties qui est ici dangereusement écartée. (§2)

§1. Liberté de l'expert dans sa mission et compétence limitée du juge dans ses pouvoirs.

L'expert jouit d'une grande liberté lors de sa mission tendant à déterminer le juste prix (B) alors qu'au contraire, le juge ne dispose que d'un pouvoir de désignation de l'expert (A).

A. Le pouvoir de désignation du juge.

Comme l'énonce l'article 1843-4 du Code civil, l'expert doit être désigné soit par les parties ou à défaut d'accord entre elles, par ordonnance du président du tribunal statuant en la forme des référés et sans recours possible. Le président du tribunal statuant en la forme des référés doit donc nommer un expert dès lors qu'il y a contestation sur le prix de rachat des titres sociaux. Que faut-il entendre par contestation ? Il s'agit ici d'un désaccord entre les parties sur la valeur de rachat des titres sociaux. Plus précisément, la négociation entre les parties sur la valeur des parts sociales est née mais s'est soldée par un échec, le président devant alors désigner un expert afin de pouvoir fixer une valeur définitive. Cette notion de désaccord résulte de l'amendement fait par le sénateur rapporteur Etienne Dally lors des travaux préparatoires de la loi du 4 janvier 1978. En effet, selon le journal officiel du 4 novembre 1978 : « *la par`le est à M. le rapp`rteur Etienne Dally : M`nsieur le Président,* *l'article 1860-5* (ancien article 1843-4) *disp`se que la fixati`n des parts cédées sera faite par un expert désigné en justice. Très bien, mais à c`nditi`n qu'`n ne s`it pas arrivé à un acc`rd amiable. L'amendement tend simplement à ass`uplir le texte en prév`yant que cette disp`siti`n ne prendra effet qu'à défaut d'acc`rd amiable. En effet, il est inutile de pr`céder à une expertise si les parties s`nt d'acc`rd. »*

Le président du tribunal est-il le seul habilité à pouvoir désigner un expert ou d'autres juridictions ont-elles la compétence pour le faire également?

La réponse semble être directement donnée par l'article 1843-4 du Code civil puisqu'il énonce clairement que seules deux personnes peuvent nommer un expert : soit les parties elles-mêmes soit, à défaut, le président du tribunal statuant en la forme des référés. Ainsi, il semblerait qu'aucune autre juridiction ne puisse se prévaloir du pouvoir de désignation.

On peut cependant retenir la position divergente de la 3ème Chambre civile de la Cour de cassation qui avait considéré, dans un arrêt inédit du 6 novembre 2002, que si le texte de l'article 1843-4 du Code civil attribuait compétence au Président du Tribunal, à fortiori, ce dernier, en sa forme collégiale, serait compétent : *«Attendu que l'arrêt retient exactement que si, sel`n l'article 1843-4 du C`de civil, la valeur des dr`its s`ciaux d'un ass`cié est, en cas de cessi`n, déterminée par un expert désigné par les parties `u, à défaut d'acc`rd, par `rd`nnance du président du tribunal statuant en la f`rme des référés, le Tribunal, en sa f`rme c`llégiale, ne saurait av`ir une c`mpétence inférieure à celle de s`n président, statuant en la f`rme des référés, cette disp`siti`n ayant p`ur seul `bjet de permettre une désignati`n dans les meilleurs délais ; D'`ù il suit que le m`yen n'est pas f`ndé. »*[97] Mais cette solution restera isolée, la Chambre commerciale, par deux arrêts du 30 novembre 2004, rappelant le principe de la compétence exclusive du Président du Tribunal quant à la nomination de l'expert et excluant tout partage de compétence avec une Cour d'appel ou un tribunal statuant collégialement.[98]

La jurisprudence interprète donc strictement la lettre de l'article 1843-4 du Code civil, ce qu'elle a confirmé récemment dans un arrêt en date du 26 janvier 2010 où en l'espèce, la demande de désignation avait été faite devant la Cour d'appel de Paris qui l'a rejeté au motif qu'elle n'avait pas le pouvoir de procéder à une telle désignation, cette dernière ne devant

---

[97] *Cass. 3ème civ. 6 novembre 2002. Société Civile immobilière du Lavoir c/ D. Baumgartner. n°01-12.821.*
[98] *Cass. Com. 30 novembre 2004. Société Civile Immobilière Notre Dame c/ Mme Auran. n°03-15.278 et Société Tennefix c/ Société Néopost France. n°03-13.756.*

intervenir que selon les modalités de l'article 1843-4 du Code civil.[99]

Mais une fois que le président du tribunal est saisi pour un désaccord, peut-il apprécier l'existence de cette contestation? Si oui, peut-il formuler à l'égard de l'expert des directives à suivre ou encadrer sa mission ?

Il est admis dans la jurisprudence et dans la doctrine que le président statuant en la forme des référés est compétent pour apprécier l'existence d'une éventuelle contestation entre les parties[100] pour ensuite pouvoir nommer un expert mais en revanche, son pouvoir s'arrête là. En effet, il ne peut procéder lui-même à la détermination de la valeur des parts sociales [101]
et il ne peut, comme il le fait quand il s'agit de désigner un expert judiciaire, encadrer la mission de l'expert. C'est ce que relève un arrêt du 23 novembre 2005 rendu par la Cour d'appel de Paris : « *le juge n'a pas p`uv`ir, même p`ur permettre à l'expert de pr`céder en t`ute liberté à l'évaluati`n qu'il est seul apte à faire, de préciser la missi`n de l'expert p`ur faire échec aux disp`siti`ns des statuts définissant les critères d'évaluati`n.* »

Mais que se passe t-il dans l'hypothèse où la mission de l'expert s'avère être défectueuse ? Le juge peut-il procéder dans ce cas là lui-même à la détermination de la valeur des droits sociaux ?

La réponse a été donnée par un arrêt du 25 novembre 2003 de la première Chambre civile de la Cour de cassation où l'expert avait commis une erreur grossière, les parties n'étant pas, par conséquent, liées par son évaluation. La Cour d'appel avait alors désigné un nouvel expert et entendait substituer sa propre évaluation à celle de l'expert ; ce à quoi la Cour de cassation répondit « *qu'il appartient au seul expert désigné en applicati`n de l'article 1843-4 du C`de civil de déterminer la valeur des dr`its s`ciaux.* »[102]

Le pouvoir du président est donc strictement limité au choix de l'expert dont la désignation a été sollicitée et à l'appréciation de la réalité de la contestation invoquée. Ainsi, s'il estime que la contestation est non fondée, il refusera de nommer un expert sachant qu'aucun recours n'est possible contre son ordonnance et que sa décision est dès lors revêtue de l'autorité de la chose jugée dont bénéficient les jugements définitifs : « *dès l`rs, d`it être cassé l'arrêt d'appel ayant jugé que l'imp`ssibilité de t`ut rec`urs ne s'applique qu'à l'`rd`nnance*

---

[99] *CA Paris. 5ème chambre. 26 janvier 2010. n°08-16.326. SAS Groupe hélice c/ Dieschbourg.*

[100] *CA Paris. 30 janvier 2009. Société civile Mousquetaire c/ D. Souche. n°08-13.762.*

[101] *Cass. Com. 4 novembre 1987. JCP G. 1988. II. 21050. Note A. Viandier.*

[102] *Cass. 1ère Ch civ. 25 novembre 2003. A. Lajoix c/ SCP Berlioz et Cie. n°00-22.089.*

désignant un expert et n`n pas à celle qui refuse une telle désignati`n, cette disp`siti`n devant être interprétée restrictivement. »[103]

On sait que l'ordonnance du président du tribunal est donc sans recours possible sauf à caractériser un excès de pouvoir. Que faut-il entendre par excès de pouvoir ? On parlera d'excès de pouvoir si le président du tribunal encadre la mission du tiers estimateur en lui donnant des directives à suivre ou s'il décide de fixer lui-même judiciairement le prix des parts sociales. En ce cas et dans cet unique cas, un recours est possible contre l'ordonnance du président du tribunal statuant en la forme des référés.

Mais en quoi le président du tribunal serait-il plus apte que les autres juridictions à désigner un expert ? On pourrait peut être admettre une voie de recours contre l'ordonnance rendue par le président du tribunal refusant par exemple de nommer un expert, l'appréciation de la réalité de la contestation pouvant alors être apprécié par une autre juridiction qui peut être optera pour une autre solution et qui laissera ainsi plus de chance aux parties d'obtenir la désignation d'un expert. De plus, concernant les pouvoirs du président du tribunal, si l'expert commet une erreur grossière lors de son évaluation, les parties doivent recourir à un nouvel expert désigné par l'article 1843-4 du Code civil ; ne serait-il pas plus simple alors de reconnaître au juge le pouvoir de déterminer lui-même la valeur des titres sociaux afin d'éviter une certaine longueur et lourdeur dans la procédure ?

La compétence du président du tribunal statuant en la forme des référés est donc exclusive pour désigner un expert, tout comme la compétence de l'expert est exclusive pour déterminer la valeur des droits sociaux, ce dernier disposant d'une liberté totale dans la détermination du juste prix

---

[103] *Cass. Com. 11 mars 2008. Mme Emilie Assous. n°07-13.189.*

B. La libre détermination du juste prix.

La mission de l'expert est claire : il doit déterminer le juste prix des droits sociaux afin que le rachat puisse avoir lieu. Nous avons vu précédemment qu'il fallait qu'il y ait une contestation préalable entre les parties pour que l'expert puisse être désigné. Une fois qu'il est désigné, celui-ci doit fixer la valeur des droits sociaux : « *la missi`n de l'expert de l'article 1843-4 du C`de civil ne se limite pas à f urnir des éléments de nature à permettre de déterminer la valeur des dr`its s`ciaux. Il d`it fixer cette valeur.* »[104] L'évaluateur est donc un instrument légal de détermination de la valeur des parts sociales qui intervient tant pour les cas prévus légalement que pour les cas prévus statutairement.

Se pose la question de savoir si l'expert peut agir librement, indépendamment de toute prévision statutaire ou si au contraire, comme l'expert de l'article 1592 du Code civil, il est tenu par les stipulations des statuts.

La Chambre commerciale dans l'arrêt du 4 décembre 2007 considère que viole l'article 1843-4 du Code civil, la Cour d'appel qui retient que « *dès l`rs qu'un ass`cié est exclu en applicati`n des disp`siti`ns statutaires et que les statuts c`mp`rtent une clause d'évaluati`n des dr`its s`ciaux, ces règles statutaires l'emp`rtent sur l'article 1843-4.* »[105] L'expert jouit donc d'une liberté totale lors de sa mission, ce qui a été confirmé ultérieurement par les arrêts du 9 décembre 2008 de la Cour d'appel de Paris[106] et du 5 mai 2009 de la Chambre commerciale de la Cour de cassation[107] précédemment cités. Peu importe que les parties aient fixé des méthodes d'évaluation dans les statuts : la jurisprudence prône la liberté de l'expert contre les statuts et le règlement intérieur de la société. Il n'est pas lié par les statuts mais s'il le veut, il peut s'en inspirer, retenir telle méthode ou tel paramètre spécifié dans les statuts.

Le tiers estimateur ne connaît donc presque aucune limite à son pouvoir d'évaluation. « Presque » parce que la jurisprudence lui reconnaît tout de même une limite : son évaluation pourra être remise en cause s'il commet une erreur grossière lors de sa mission. L'erreur grossière peut être définie comme « *l'erreur qu'un technicien n`rmalement s`ucieux de ses f ncti`ns ne saurait c`mmettre : estimati`n de biens imm`biliers à leur c`ût hist`rique,*

---

[104] *Cass. Com. 10 mars 1998. n°95-21.329. Bulletin civil IV. n°100. page 81.*
[105] *Cass. Com. 4 décembre 2007. n°06-13.912.*
[106] *CA paris. 3ème chambre. Section A. 9 décembre 2008. Deyglun c/Société civile des Mousquetaires. JurisData n°2008-375159*
[107] *Cass. Com. 5 mai 2009. n°08-17.465.*

erreur de calcul, évaluati`n à partir d'un seul critère… »[108] Seule l'erreur grossière peut donc « contrer » la mission de l'expert dans la détermination de la valeur des droits sociaux, cette valeur devant être recherchée comme étant la valeur réelle des parts, autrement dit leur valeur vénale.

J. Moury considère que « *cette valeur vénale implique que le tiers ne d`it pas être enfermé dans des disp`siti`ns c`nventi`nnelles préexistantes imp`sant telle méth`de de calcul si s`n applicati`n c`nduit à un chiffre ne c`rresp`ndant en rien à cette valeur `bjectivement appréhendée.* »[109] En effet, il ne peut y avoir une vraie expertise que si l'expert bénéficie d'une pleine liberté, indépendamment de toutes directives données par les parties ou par le juge.

On peut considérer que cette totale liberté de l'expert va à l'encontre de la liberté contractuelle des parties ; certes, mais si les parties recourent à un expert, c'est qu'elles ne sont pas d'accord sur la valeur des droits sociaux et que les méthodes d'évaluation qu'elles avaient initialement prévues ne leur conviennent plus. Il va donc de soi que l'expert, lors de sa mission, doit pouvoir se détacher des méthodes d'évaluation statutaires afin de déterminer un prix qui conviendra aux parties puisque si il tient compte de ces paramètres de calcul, son rôle sera réduit à un simple calculateur qui parviendra au même montant que les parties avaient contesté au départ. De même, il peut arriver que les majoritaires imposent aux minoritaires leur propre méthode d'évaluation les favorisant au détriment de la minorité. Dès lors, le fait que l'expert ne soit pas lié par ces dispositions statutaires permet de lutter contre des éventuels abus de droit en fixant un prix juste correspondant à la valeur réelle des parts sans risque de partialité.

La jurisprudence écarte la liberté contractuelle des parties en privilégiant la pleine liberté de l'expert qui ne peut être lié ni par les dispositions des parties ni par d'éventuelles directives du juge puisque ce dernier ne peut se permettre d'encadrer sa mission : la liberté contractuelle est donc dangereusement écartée en laissant à un tiers estimateur le soin de décider librement du futur montant du rachat des droits sociaux.

---

[108] *Cass. Com. 4 novembre 1987. JCP. 1988. 21050. Note A. Viandier.*
[109] *J. Moury note sous Com. 4 décembre 2007. Revue des sociétés. 2008. n°2. page 341.*

§2. La liberté contractuelle dangereusement écartée.

L'expert agit lors de sa mission comme il l'entend : il peut s'inspirer des méthodes de calcul prévus par les parties ou au contraire s'en détacher complètement. Dans cette hypothèse, deux choix s'offrent aux parties : soit elles ne stipulent plus de méthode d'évaluation dans les statuts vu que l'expert n'est pas lié par celles-ci, soit elles continuent d'en stipuler au risque de les voir stériliser par l'expert.

Cette position de la jurisprudence tendant à donner une liberté absolue au tiers estimateur constitue, selon de nombreux auteurs, une violation de la liberté contractuelle, de la force obligatoire des conventions : en effet, se sont les parties qui régissent leur contrat, les conventions tenant lieu de loi à ceux qui les ont faites alors pourquoi y déroger ? Il ne faut attribuer que ce qui a été conventionnellement fixé et on ne peut remettre en cause l'équilibre contractuel voulu et accepté par les parties.

La jurisprudence justifie cette liberté du tiers estimateur par l'impérativité renforcée de l'article 1843-4 qui autorise à déjouer les dispositions statutaires fixant par avance la procédure de détermination du prix s'il survient une contestation sur la valeur des droits sociaux.

Cette solution constitue également une violation des termes même de l'article 1843-4 du Code civil puisque, en aucun cas, il n'impose la totale liberté de l'expert. Pour R. Mortier, « *la C`ur de cassati`n pr`l`nge l'article 1843-4 en én`nçant une règle inventée de t`utes pièces, qui n'y figure ni de près ni de l`in, c`mme si p`urtant elle déc`ulait l`giquement de la citati`n suivante : 'le tiers estimateur détermine les critères qu'il juge les plus appr`priés p`ur fixer la valeur des dr`its s`ciaux, parmi lesquels « peuvent » figurer ceux prévus par les statuts.'* » [110] Pour Didier Poracchia, arrêter une méthode d'évaluation ne porte pas nécessairement atteinte à l'autonomie de l'expert dans l'exercice de sa mission : « *si les parties `nt seulement arrêté un cadre, une méth`de générale, la c`ntestati`n sur le prix devrait p`uv`ir exister, mais seulement à l'intérieur des b`rnes fixées par elles. Dès l`rs si la c`ntestati`n sur la valeur est ainsi encadrée v`l`ntairement par les parties, `n v`it mal p`urqu`i l'expert ne serait pas tenu de respecter la méth`de, le cadre dans lequel les parties `nt désiré c`ntenir la c`ntestati`n sur la valeur des parts*» [111] On se rend compte que cette

---

[110] *Note sous Cass. 5 mai 2009. R. Mortier. JCP E. 18 juin 2009. n°25. 1632.*
[111] *D. Poracchia. Bulletin Joly Sociétés. Juin 2009. §108. page 545.*

jurisprudence a fait l'objet de nombreuses et virulentes critiques de la part de la doctrine qui considère que celle-ci ne peut être qu'une source d'insécurité juridique pour les parties.

Cependant, même face à tous ces bons arguments, on ne peut qu'approuver cette jurisprudence relative à la liberté absolue de l'expert. En effet, comme je l'ai dis précédemment, s'il était tenu par les statuts, il ne jouerait qu'un rôle de calculateur, d'autant que si les méthodes de calculs ne reflètent pas la valeur qu'il doit déterminer, celles ci l'induiront en erreur et il déterminerait une valeur erronée. Il se doit donc d'être indépendant, impartial afin de déterminer un prix juste. L'article 1843-4 du Code civil ne joue qu'en cas de désaccord : son but étant de faire déterminer la valeur réelle des droits sociaux afin que l'on puisse procéder au rachat des titres sociaux de l'associé retrayant. L'article 1843-4 du Code civil assure ainsi le respect des droits de l'associé en lui assurant une juste indemnité lorsqu'il est amené à quitter la société soit légalement, soit statutairement.

Peut-être pourrait-on faire jouer des clauses pénales plutôt que des clauses d'évaluation ? Les clauses pénales ont cet avantage de ne jouer que lorsqu'il y a une faute de l'associé et leurs stipulations ne peuvent être écartées ni par un expert ni par un juge. Ainsi, les parties prévoient, par l'intermédiaire de clauses pénales, qu'en cas de faute des dommages et intérêts seront octroyés, et fixent le montant de ces dommages et intérêts permettant ainsi d'assurer le respect d'un certain équilibre économique et contractuel.

La mesure d'exclusion prononcée à l'égard d'un associé a pour conséquence essentielle, outre le rachat des droits sociaux dudit associé, de lui faire perdre sa qualité d'associé.

CHAPITRE II.

LA PERTE DE LA QUALITE D'ASSOCIE.

La perte de la qualité d'associé a une influence sur la situation personnelle de l'associé puisqu'il perd l'ensemble de ses droits attachés à cette qualité mais aussi sur celle de ses coassociés, de la société et des tiers. Il est donc nécessaire de pouvoir déterminer la date à laquelle la perte de la qualité d'associé se réalise. Et face à l'insuffisance des réponses légales, la jurisprudence est intervenue en fixant la date de la perte de la qualité d'associé à celle du remboursement des droits sociaux en se fondant d'une part, sur l'article 1860 du Code civil pour l'exclusion d'un associé soumis à une procédure collective, déconfiture ou faillite et d'autre part, sur l'article 1869 du Code civil pour le cas du retrait d'un associé. (**Section I**) Mais qu'en est-il de la date de la perte de la qualité d'associé pour un associé visé par une clause statutaire d'exclusion ? Peut-on étendre la date de la perte de la qualité d'associé au remboursement de la valeur des droits sociaux comme pour les cas visés aux articles 1860 et 1869 du Code civil ? L'hésitation est permise d'autant que la jurisprudence n'a toujours pas statué sur ce cas particulier. (**Section II**)

SECTION I. LA DATE DE LA PERTE DE LA QUALITE D'ASSOCIE FONDEE SUR LES ARTICLES 1860 ET 1869 DU CODE CIVIL.

La jurisprudence a clairement affirmé qu'il fallait retenir la date de remboursement des droits sociaux comme date de la perte de la qualité d'associé d'abord pour l'exclusion d'un associé soumis à une procédure collective dans un arrêt du 9 décembre 1998 en se fondant sur l'article 1860 du Code civil (§1), ensuite pour le retrait d'un associé dans deux arrêts du 17 juin 2008 en se fondant sur l'article 1869 du Code civil. (§2)

§1. L'hypothèse de l'exclusion d'un associé soumis à une procédure collective et l'article 1860 du Code civil.

L'article 1860 du Code civil aborde l'élimination d'un associé dans une société civile faisant l'objet d'une procédure collective, déconfiture ou faillite en indiquant qu'il perd sa qualité d'associé après le remboursement de ses parts sociales : « *s'il y a déc`nfiture, faillite pers`nnelle, liquidati`n des biens `u règlement judiciaire, atteignant l'un des ass`ciés, à m`ins que les autres unanimes ne décident de diss`udre la s`ciété par anticipati`n `u que cette diss`luti`n ne s`it prévue par les statuts il est pr`cédé, dans les c`nditi`ns én`ncées à l'article 1843-4, au remb`ursement des dr`its s`ciaux de l'intéressé, lequel perdra al`rs la qualité d'ass`cié.* » Cet article prévoit une chronologie des différentes étapes de l'exclusion de l'associé soumis à une procédure collective.

C'est donc naturellement que la troisième Chambre civile de la Cour de cassation dans un arrêt du 9 décembre 1998 en a déduit, conformément à la lettre du texte, que la perte de la qualité d'associé ne saurait être préalable au remboursement des droits sociaux : « *qu'en* *statuant ainsi, al`rs que la perte de la qualité d'ass`cié ne saurait être préalable au remb`ursement des dr`its s`ciaux, la C`ur d'appel a vi`lé le texte susvisé. »[112]*

La Haute juridiction se borne donc ici à faire une application littérale de l'article 1860 du Code civil. Bien que les dispositions de l'article soient claires et précises, la doctrine débattait, jusqu'à ce présent arrêt, sur la détermination de la date à laquelle l'associé devait être évincé de la société.

Pour certains, la date de la perte de la qualité d'associé correspondait à la date du jugement d'ouverture de la procédure collective.[113] Pour d'autres, la date de la perte de la qualité d'associé ne pouvait résulter, conformément à la syntaxe du texte, que du remboursement des droits sociaux.[114] Face à ces différentes interprétations doctrinales, la jurisprudence est venue trancher le débat en affirmant que la perte de la qualité d'associé résultait du remboursement des droits sociaux et non pas du jugement d'ouverture de la procédure collective. Mais, bien que fidèle au Code civil, cette solution fit l'objet de nombreuses contestations doctrinales.

La doctrine ne s'est en effet pas gênée pour critiquer ouvertement cette solution rendue par la troisième Chambre civile de la Cour de cassation. Il est vrai qu'aucun principe de droit n'impose l'existence d'un lien entre la perte de la qualité d'associé et le remboursement des droits sociaux. Surtout, cette solution conduit à maintenir au sein de la société un associé qui a perdu tout affectio societatis : il demeure associé, alors même que son éviction de la société est inéluctable, jusqu'au complet remboursement de ses droits sociaux. Or, il se peut que la période entre le moment où son exclusion est décidée et le moment où ses droits sociaux sont effectivement remboursés soit relativement longue, soit parce le remboursement des parts sociales dépend d'une expertise qui se fait attendre, soit parce que la société n'a pas les fonds nécessaires pour désintéresser l'associé ; aucun texte ne prévoyant de délai pour le remboursement des part sociales en cas d'exclusion d'un associé soumis à une procédure collective, déconfiture ou faillite. Ainsi, l'associé, en attendant d'être effectivement remboursé, devra continuer à répondre d'éventuelles dettes sociales devenues exigibles depuis qu'il a été décidé de son exclusion. De plus, l'associé concerné par la procédure collective devra être représenté par un mandataire en cas de liquidation judiciaire ce qui est, là aussi,

---

[112] *Cass. 3ème civ. 9 décembre 1998. SCI du Lavoir c/ M. Gourdain. Bulletin Joly Société. 1999. page 385. §79.*
[113] *J-M Calendini. Note sous CA Paris. 13 décembre 1983. Revue des sociétés. 1984. page 818.*
[114] *Th. Bonneau. Note sous CA Paris. 26 mars 1992. Droit des sociétés. 1992. n°159.*

contraire à l'intuitu personae dominant toute société civile : que devient l'intérêt de la société en présence d'un liquidateur qui se désintéresse totalement de la société ?

Cette solution va également à l'encontre du but visé par l'article 1860 du Code civil : en effet, ce texte tient au fait que le crédit d'une société civile dépend du crédit de chacun de ses associés ce qui implique que, dès lors qu'un associé fait l'objet d'une procédure collective, d'une déconfiture ou d'une faillite, celui-ci doit pouvoir être évincé au plus vite de la société de manière à ce que sa situation financière n'atteigne pas directement la société dans son crédit. Ce qui n'a pas été appliqué par la jurisprudence dans l'arrêt du 9 décembre 1998, à moins que la société ait l'obligation de rembourser immédiatement la valeur des droits sociaux dès lors que la décision d'exclusion ait été prise à l'encontre de l'associé soumis à une procédure collective : or, la loi ne prévoit rien de tel.

La Chambre commerciale de la Cour de cassation a eu l'occasion de confirmer sa position quant à la date de la perte de la qualité d'associé dans deux arrêts du 17 juin 2008 relatifs à l'hypothèse du retrait d'un associé.

§2. L'hypothèse du retrait d'un associé et l'article 1869 du Code civil.

Les deux arrêts du 17 juin 2008 apportent une réponse pratique à la question que pose la perte de la qualité d'associé de celui qui quitte une société civile, voire même de celui qui quitte une toute autre société.

Dans la première espèce, la Cour affirme que « *l'ass`cié qui est aut`risé à se retirer d'une s`ciété civile p`ur justes m`tifs par une décisi`n de justice, sur le f`ndement de l'article 1869 du C`de civil, ne perd sa qualité d'ass`cié qu'après remb`ursement de la valeur de ses dr`it s`ciaux.* »[115] et dans la deuxième espèce, elle affirme que « *la perte de la*

---

[115] *Cass. Com. 17 juin 2008. n°06-15.045. N°718.*

qualité d'ass`cié ne peut, en cas de retrait, être antérieure au remb`ursement de la valeur des dr`its s`ciaux. »[116]

La Chambre commerciale répond à une question jamais résolue jusqu'ici relative au moment de la perte de la qualité d'associé après le retrait d'un associé prévu à l'article 1869 du Code civil et, pour la résoudre, elle a choisi, contrairement à l'avis de la doctrine, de s'inspirer de la solution rendue dans l'hypothèse d'une éviction d'un associé déconfit, failli ou soumis à une procédure collective visée par l'article 1860 du Code civil. Or, rien ne relit les dispositions de l'article 1860 du Code civil à celle de l'article 1869 du Code civil.

Mais il existe une raison pratique ici de soumettre la perte de la qualité d'associé au complet remboursement des droits sociaux qui apparaît clairement dans les deux arrêts : en effet, lorsqu'une personne quitte une société, celle-ci, ayant perdu toutes les prérogatives rattachées à sa qualité d'associé, ne peut plus agir en justice quelque soit la raison. C'est pourquoi, dans les deux arrêts de 2008, le maintien de la qualité d'associé était nécessaire pour préserver le droit de l'associé retrayant d'agir en justice ; d'un côté, pour solliciter une dissolution de la société pour mésentente (décision n°718), de l'autre, pour contester les délibérations d'un organe social sur le fondement d'un abus de majorité lors du vote (décision n°716).

Outre la préservation du droit d'agir en justice, le maintien de la qualité d'associé permet également à l'intéressé de continuer à exercer ses prérogatives patrimoniales et politiques mais cela signifie aussi qu'il demeure soumis aux aléas de la vie sociale et donc à toute aggravation du passif alors même qu'il est en attente du remboursement de ses parts pour pouvoir quitter définitivement la société. Et si, en attente du remboursement de ses parts, la valeur des parts se réduisent du fait de la mauvaise situation financière de la société ?

Pour terminer, on peut tout de même relever la large portée de la solution des arrêts du 17 juin 2008. En effet, le terme « en cas de retrait » pourrait peut-être permettre d'étendre cette solution à toutes les formes de retrait et à toutes les sociétés autres que celles visées par des dispositions légales.

Ainsi, seraient donc concernés tant le retrait volontaire que le retrait forcé, tant l'associé d'une société civile que celui d'une autre structure sociétaire. On peut tout de même émettre une certaine réserve quant à cette généralité, les arrêts ne visant que l'article 1869 du Code civil avec le retrait judiciaire [117] et le retrait décidé en assemblée générale.[118]

---

[116] *Cass. Com. 17 juin 2008. n°07-14.965. N°716.*
[117] *Cass. Com. 17 juin 2008. n°06-15.045. N°718.*

Un arrêt récent de la Chambre commerciale en date du 4 mai 2010 vient confirmer sa position quant au retrait d'un associé en affirmant, pour la première fois de manière aussi nette, que « *en l'absence de disp`siti`ns statutaires, la valeur des dr`its s`ciaux de l'ass`cié qui se retire d`it être déterminée à la date la plus pr`che de celle du remb`ursement de la valeur de ces dr`its.* »[119] Elle invite donc les parties à se préoccuper la question de l'évaluation des parts sociales dès le stade de la rédaction des statuts.

On remarque donc la constance de la Cour de cassation face aux critiques qui témoigne de sa ferme volonté de faire du remboursement de la valeur des droits sociaux le pivot du mécanisme de sortie effective de l'associé retrayant.

Mais qu'en est-il dans l'hypothèse d'une clause statutaire d'exclusion ? Est ce que la jurisprudence relative au retrait d'un associé et à l'exclusion d'un associé soumis à une procédure collective peut trouver à s'appliquer ici ?

SECTION II. LA DATE DE LA PERTE DE LA QUALITE D'ASSOCIE EN MATIERE D'EXCLUSION.

Un parallèle peut être fait avec l'arrêt en date du 8 mars 2005 de la Chambre commerciale de la Cour de la cassation relatif à la validité d'une clause statutaire d'exclusion dans une société en nom collectif qui prévoyait que le redressement judiciaire d'un associé lui faisait perdre automatiquement sa qualité d'associé. (§1) On pourrait peut-être, en regroupant toute la jurisprudence relative à la date de la perte de la qualité d'associé et les textes légaux, dégager une sorte de directive générale qui servirait de base à toutes les causes d'éviction d'une société. (§2)

---

[118] *Cass. Com. 17 juin 2008. n°07-14.965. N°716.*
[119] *Cass. Com. 4 mai 2010. SCI Marina Airport. Bulletin Joly Sociétés. 01 juillet 2010. n°10. page 660.*

§1. La date de la perte de la qualité d'associé dissociée de celle du remboursement des droits sociaux.

L'arrêt du 8 mars 2005 de la Cour de cassation est le seul arrêt qui traite des clauses statutaires d'exclusion et de la question de la perte de la qualité d'associé même si ce n'est qu'implicitement ici.[120] L'arrêt est d'autant plus important qu'il sous-entend que la perte de la qualité d'associé s'opère de plein droit par le redressement judiciaire et non par le remboursement de la valeur des droits sociaux : « *qu'il est p`ssible et licite de prév`ir dans les statuts, qui c`nstituent le c`ntrat accepté par les parties et fixant leurs dr`its et `bligati`ns, que le redressement judiciaire d'un ass`cié lui fera perdre cette qualité, dès l`rs que lui est due la valeur des dr`its d`nt il est ainsi privé p`ur un m`tif qui est en l'`ccurrence c`nf`rme à l'intérêt de la s`ciété et à l'`rdre public.* » La Cour de cassation admet donc la possibilité d'insérer dans les statuts une clause faisant perdre automatiquement la qualité d'associé lorsqu'un événement prédéfini se produit et ce, quand bien même les droits sociaux n'auraient pas encore été remboursés.

Mais on peut relever qu'était visé ici, par la clause statutaire d'exclusion, l'hypothèse d'un redressement judiciaire d'un associé d'une SNC. Or, l'exclusion d'un associé d'une SNC est prévue à l'article L. 221-16 du Code de commerce qui dispose que « *Dans le cas de c`ntinuati`n de la s`ciété, la valeur des dr`its s`ciaux à remb`urser à l'ass`cié qui perd cette qualité est déterminée c`nf`rmément aux disp`siti`ns de l'article 1843-4 du c`de civil. T`ute clause c`ntraire à l'article 1843-4 dudit c`de est réputée n`n écrite.* » On se rend compte, à la lecture de ce texte, que le redressement judiciaire d'un associé n'est aucunement visé par l'article L. 221-16 et que cet article stipule clairement que c'est le remboursement de la valeur des droits sociaux qui entraine la perte de la qualité d'associé. Pour autant, la Chambre commerciale de la Cour de cassation a validé la clause statutaire d'exclusion qui déroge entièrement aux dispositions légales. On peut en déduire, dès lors qu'un cas d'exclusion n'est pas expressément prévu par les dispositions légales ou que les textes sont muets, que les associés peuvent librement insérer une clause dans les statuts prévoyant les causes d'exclusion et la date de la perte de la qualité d'associé sans se référer au texte régissant leur société.

---

[120] *Cass. Com. 8 mars 2005. Jurisdata n°2005-027475.*

Cette solution a le mérite de contourner la jurisprudence du 9 décembre 1998 et de remédier aux problèmes qu'avait invoqué la doctrine à la suite dudit arrêt.

Ainsi, l'associé n'est plus tenu de rester dans la société pendant un certain laps de temps en attendant le remboursement effectif de ses droits sociaux et n'encourt plus le risque d'être tenu au passif de la société ou de voir la valeur de ses parts diminuer avec le temps.

Deux questions se posent : tout d'abord, cette solution de 2005 a t-elle été remise en cause par les deux arrêts du 17 juin 2008 ? Vu les affirmations impératives que comportent les deux arrêts précités, il semblerait qu'ils ne laissent la place à aucune stipulation contraire et qu'ils aient une portée générale visant ainsi toutes les sociétés quelque soit leur nature.

Mais, les arrêts de 2008 ne concernant que les hypothèses de retrait et n'affirmant pas clairement qu'ils s'appliquent à tous les cas de sortie d'un associé et à toutes les structures sociétaires, on pourrait peut-être en déduire que la jurisprudence de 2005 a survécu et qu'il est toujours admis que les associés puissent prévoir dans les statuts que tel événement pourra entrainer la sortie d'un des leurs de la société et lui fera perdre simultanément sa qualité d'associé.

Enfin dernière question : cette solution en matière de clause statutaire d'exclusion peut-elle être étendue aux autres hypothèses de retrait ? Pour répondre à cette question, il faut d'abord déterminer si la solution consacrée par la Cour de cassation en 2008 est d'ordre public. Si tel est le cas, aucune stipulation contraire n'est possible. A l'inverse, si elle ne l'est pas, alors les parties pourront y déroger en insérant une clause dans les statuts qui prévoit expressément que le retrait d'un associé entrainera la perte de sa qualité d'associé. Même si précédemment nous disions que les arrêts de 2008 avaient une portée générale du fait de l'expression « en cas de retrait » et une connotation impérative, il semblerait que rien ne s'oppose, au nom de la liberté statutaire, à ce que les parties tranchent elles-mêmes entre le maintien ou non de la qualité d'associé en attente du désintéressement de ses droits sauf à énoncer clairement que la solution de 1998 a un caractère d'ordre public.

Au vu de toute cette jurisprudence, il serait plus judicieux d'essayer de trouver une directive générale quant à la date exacte de la perte de la qualité d'associé.

§2. A la recherche d'une directive générale quant à la date de la perte de la qualité d'associé.

Nous avons vu que les différentes solutions rendues par la Cour de cassation sont un vrai méli-mélo. Des solutions sont affirmées par ci, par là, pour telle hypothèse, telle société. Mais d'abord, résumons les différents arrêts qui pourront nous inspirer pour notre recherche d'une directive générale.

L'arrêt du 9 décembre 1998 relatif à l'exclusion d'un associé failli, déconfit ou soumis à une procédure collective d'une société civile énonce, au visa de l'article 1860 du Code civil, que la perte de la qualité d'associé résulte du remboursement des droits sociaux de l'associé.[121]

L'arrêt du 8 mars 2005 relatif à une clause statutaire d'exclusion dans une SNC reconnaît la possibilité de prévoir, dans les statuts, une clause déterminant les événements qui pourront entrainer la perte de la qualité d'associé sans que soit procédé au remboursement de ses droits sociaux.[122]

Un arrêt du 22 mai 2007 de la Chambre commerciale de la Cour de cassation, en matière de perte de la qualité d'associé d'une SCP et contre la lettre des dispositions de l'article 24 alinéa 3 de la loi du 29 novembre 1966, énonce que « *si l'ass`cié destitué est déchu de sa qualité de n`taire ass`cié et d`it cesser l'exercice de s`n activité pr`fessi`nnelle à c`mpter du j`ur `ù la décisi`n pr`n`nçant sa destituti`n est exécut`ire, il ne perd sa qualité d'ass`cié de la SCP qu'après av`ir cédé ses parts s`ciales dans les c`nditi`ns fixées par le décret. »[123]* et ce, alors même que l'article 24 alinéa 3 de la loi de 1966 dispose que « *l'ass`cié frappé d'une interdicti`n définitive d'exercer la pr`fessi`n perd, au j`ur de cette interdicti`n, la qualité d'ass`cié. »*

Les arrêts du 17 juin 2008 relatifs au retrait d'un associé d'une société civile considèrent que la perte de la qualité d'associé résulte du remboursement de la valeur des droits sociaux de l'associé retrayant.[124]

---

[121] *Cass. 3ème civ. 9 décembre 1998. SCI du Lavoir c/ M. Gourdain. Bulletin Joly Société. 1999. page 385. §79.*

[122] *Cass. Com. 8 mars 2005. Jurisdata n°2005-027475*

[123] *Cass. Com. 22 mai 2007. Bulletin civil. IV. n°139.*

[124] *Cass. Com. 17 juin 2008. n°06-15.045. N°718.*
   Cass. Com. 17 juin 2008. n°07-14.965. N°716.

Un arrêt du 17 décembre 2009 de la première Chambre civile de la Cour de cassation énonce que « *l'ass`cié d'une SCP de n`taires, qui exerce la faculté de retrait perd, à c`mpter de la publicati`n de l'arrêté c`nstatant s`n retrait, les dr`its attachés à sa qualité d'ass`cié et est réputé démissi`nnaire ; que partant, il perd la qualité d'ass`cié de la SCP d`nt l'`bjet est l'exercice c`mmun de la pr`fessi`n de ses membres. »*[125] conformément à l'article 31 du décret 67-867 du 2 octobre 1967 qui fixe expressément la date de la perte de la qualité d'associé, pour les SCP de notaires, à la date de la publication de l'arrêté constatant le retrait.

Face à toutes ces solutions rendues par la jurisprudence et à tous ces textes invoqués, il faudrait pouvoir dégager une directive générale d'interprétation à la fois des textes et de la jurisprudence quant à la chronologie des différentes étapes de retrait et d'exclusion, légaux ou non, communes à toute société.

Une question reste cependant à résoudre avant de proposer d'éventuelles solutions : est-il possible de retenir une date de perte de la qualité d'associé qui soit identique en cas de retrait et d'exclusion d'un associé ? La perte de la qualité d'associé en cas d'exclusion ou de retrait peut se réaliser soit par le transfert des droits sociaux à un autre associé ou à un tiers, soit par le transfert des droits à la société qui procède alors à une annulation des parts, la société ne pouvant détenir ses propres titres. Mais que se soit dans l'un ou dans l'autre cas, l'opération est juridiquement la même : on procède à une remise des droits contre le remboursement de leur valeur, seul le cocontractant de l'associé change. Il en résulte donc que l'on peut retenir la même date de perte de la qualité d'associé que se soit pour le retrait ou l'exclusion d'un associé.

Une fois cette question résolue, il faut procéder à la recherche d'une directive d'interprétation. On pourrait considérer de manière simple que, pour tous les cas de retrait ou d'exclusion d'un associé qui sont expressément visés par un texte légal dans lequel la date de la qualité de la perte d'associé est clairement stipulée, les parties ne pourront y déroger comme par exemple pour l'article 1860 du Code civil. A l'inverse, lorsque le texte est, soit muet sur la date de la perte de la qualité d'associé (par exemple l'article 1869 du Code civil) soit muet sur certains cas d'exclusion (comme par exemple l'article L 221-16 du Code de commerce qui ne vise pas expressément le redressement judiciaire d'un associé comme cause d'exclusion dans ses dispositions ; hypothèse qui a alors été rajoutée par les parties), les parties pourront décider elles-mêmes de la date à laquelle l'associé retrayant ou menacé d'exclusion perdra sa qualité d'associé. Cette solution bien trop simple ne résout pas les

---

[125] *Cass. 1ère civ. 17 décembre 2009. D. 2010. page 745.*

problèmes soulevés par la doctrine notamment sur le fait que l'associé demeure au sein de la société en attendant le remboursement de ses parts alors qu'il est dépourvu de tout affectio societatis.

C'est ainsi que la doctrine et notamment le Professeur F-X Lucas a tenté de proposer une solution médiane à la suite de l'arrêt du 9 décembre 1998 relatif à l'exclusion d'un associé déconfit, failli ou soumis à une procédure collective.

Il a en effet proposé que l'associé soit évincé de la société à compter de la délibération par laquelle il est décidé de lui rembourser la valeur de ses droits sociaux. Il faudra alors considérer, qu'à compter de la date de la délibération, l'associé perdra cette qualité et deviendra créancier de la valeur de ses droits sociaux pour un montant qui sera déterminé par l'expert de l'article 1843-4 du Code civil. L'associé n'aura alors plus qu'à faire publier le procès-verbal de l'assemblée de façon à rendre son exclusion opposable aux tiers. Selon F-X Lucas « *l'intérêt de cette s`luti`n est d'éviter le risque qui résulte de l'arrêt du 9 décembre 1998 de v`ir la s`ciété, l`rsqu'elle tarde à remb`urser les parts s`ciales, faire perdurer cette situati`n peu satisfaisante d'un ass`cié qui l'est sans l'être c'est-à-dire d'un ass`cié qui est déjà c`ndamner à quitter la s`ciété de manière inéluctable, mais qui piétine devant l'échafaud en attendant que t`mbe le c`uperet du remb`ursement de ses parts s`ciales qui lui retirera sa qualité d'ass`cié. »*[126]

Cette solution s'avère être opportune mais qu'en est-il des cas en dehors de ceux visés par l'article 1860 du Code civil ?

D'autres propositions ont été faites par la doctrine, dont celle de F-X Lucas qui a été reprise et qui semble être la plus adaptée ici : il s'agirait de faire coïncider la date de perte de la qualité d'associé à la date à laquelle le transfert des droits sociaux a été décidé, plus précisément, à la date d'effet de l'acte qui emporte transfert de la propriété des droits.

En droit commun, la date d'effet de l'acte est déterminée par le principe du consensualisme, l'article 1583 du Code civil disposant que « *la vente est parfaite entre les parties, et la pr`priété est acquise de dr`it à l'acheteur à l'égard du vendeur, dès qu'`n est c`nvenu de la ch`se et du prix, qu`ique la ch`se n'ait pas enc`re été livrée ni le prix payé* » Ainsi, l'acte prendra effet dès lors qu'il aura été convenu de la chose et du prix.

Dans l'hypothèse d'un retrait ou d'une exclusion, la date de la perte de la qualité d'associé sera la date à laquelle se forme un accord entre l'associé retrayant ou exclu et ses coassociés ou la société sur la valeur des droits sociaux y compris par le recours à l'expert de l'article

---

[126] *F-X. Lucas. Bulletin Joly Sociétés. Avril 1999. §90. page 436.*

1843-4 du Code civil. Et si le retrait ou l'exclusion est prévu par des dispositions statutaires claires et précises quant à la valeur des droits sociaux, on pourra considérer qu'il s'applique de plein droit. De même, rien n'empêchera les parties de repousser le transfert des droits et donc la date de la perte de la qualité d'associé par le jeu d'une clause de réserve de propriété.

CONCLUSION

Comment se déroule la mise en œuvre d'une clause statutaire d'exclusion et quelles en sont les conséquences ? Tel est la problématique de notre étude.

Au terme du Titre I, nous avons vu que des conditions de fond et de forme avaient été posées par la jurisprudence et exigées sous peine de nullité de la clause.

Les conditions de fond se divisent en deux catégories : d'un coté, les motifs qui doivent être prédéfinis à l'avance et être conformes à l'intérêt de la société et à l'ordre public. Ces motifs pouvant eux-mêmes être divisés en deux sous catégories : ceux relatifs à une faute de l'associé et ceux relatifs à une cause objective. Dans les deux cas, il est procédé à un contrôle du juge important quant à la validité de ces motifs notamment lorsqu'il s'agit d'une exclusion-sanction afin d'éviter les risques d'abus.

De l'autre, le consentement de l'associé menacé d'exclusion qui est requis lors de l'insertion de la clause d'exclusion dans les statuts en cours de vie sociale consacrant ainsi la thèse selon laquelle la clause d'exclusion constitue une augmentation des engagements des associés. Le consentement de l'associé visé par la procédure d'exclusion est également exigé lors du vote portant sur son exclusion consacrant le droit de vote comme un principe fondamental et intangible de tout associé.

Au terme du Titre II, nous nous sommes penchés sur les conséquences de l'exclusion d'un associé. Deux conséquences principales ressortent de notre étude : le rachat des droits sociaux de l'associé et la perte de la qualité d'associé.

Concernant le rachat des droits sociaux, on a vu qu'une question récente posait problème : celle du recours à l'expert de l'article 1843-4 du Code civil. La jurisprudence affiche sa volonté de vouloir offrir à l'expert, en dépit de la liberté contractuelle et de la force obligatoire des conventions, une liberté absolue à l'expert dans l'exercice de sa mission de détermination du juste prix. Mais nous avons vu que cette pleine liberté de l'expert est indispensable afin qu'il puisse accomplir sa mission de manière la plus impartiale et la plus indépendante possible sans que son rôle ne soit réduit à une simple calculatrice cantonnée aux modalités de calculs prévues initialement par les parties.

La perte de la qualité d'associé fait également l'objet de nombreux débats, notamment en ce qui concerne la date de perte de la qualité d'associé. La jurisprudence est là aussi intervenue en affirmant que la date de la perte de la qualité correspondait à celle du remboursement des droit sociaux, d'abord en se fondant sur l'article 1860 du Code civil puis sur l'article 1869 du Code civil.

Or, rien n'impose une telle solution d'autant que cela signifie que l'associé devra demeurer dans la société en attendant le remboursement de ses parts sociales alors qu'il est dépourvu de tout affectio societatis, qu'il devra répondre des éventuelles dettes devenues exigibles depuis la décision de sortie de l'associé ou qu'il puisse voir la valeur de ses droits sociaux diminuer entre temps du fait de la mauvaise gestion de la société.

La doctrine a tenté de trouver des solutions médianes à la position de la jurisprudence : ainsi, on pourrait retenir la proposition faite par F-X Lucas tendant à faire correspondre la date de la perte de la qualité d'associé à la date de la délibération décidant du remboursement des droits sociaux ; cela permettrait de ne pas maintenir l'associé au sein de la société jusqu'au remboursement de ses droits sociaux, celui-ci devenant simplement le propriétaire d'une créance sur la société. Mais cette solution, bien que satisfaisante, dérogerait aux dispositions légales de certains textes comme l'article 1860 du Code civil qui énonce très clairement que la perte de la qualité d'associé est due au remboursement de la valeur des droit sociaux.

On se rend compte, après ce bref résumé, que les clauses statutaires d'exclusion font l'objet de débats tant jurisprudentiels que doctrinaux depuis des années. La jurisprudence et la doctrine s'opposant quasi systématiquement sur chaque point. L'une prônant la liberté contractuelle, l'autre la niant complètement.

Mais les clauses statutaires d'exclusion poseront toujours problème. En effet, ces clauses ont une nature hybride avec une nature contractuelle qui se retrouve bridée par des dispositions impératives du droit des sociétés.

Dès lors, comment pourrait-on concilier les deux ?

www.ingramcontent.com/pod-product-compliance
Lightning Source LLC
Chambersburg PA
CBHW021605210326
41599CB00010B/613